小学生のステキルール

12歳までに覚えたい マナー&常識BOOK

この本を手にとってくれたみんなへ

"マナー"ってなんだろう？

「マナー」という言葉を聞いたとき、
みんなはどんなことを思いうかべるかな？

ちょっとかたくるしいイメージがあるかもしれないけど、
マナーというのは**その場にいる人全員が**
気持ちよくすごせるようにと考えられたもの。
「公共のマナー」や「テーブルマナー」というのは
みんなで楽しくすごすためのふるまい方のことなんだ。

一方、常識やルールはその場にいる人が
安全で快適にすごすための約束（決まりごと）のこと。

正しいマナーや常識を知っていれば
毎日の生活が**もっと楽しく、心地よくなっていく**はずだよ♡

そうして自分の生活に余裕がうまれると
まわりの人のことも
思いやれるようになるもの。

相手の気持ちを考え、
ていねいに接することができれば
さらにステキだよね♪

この本では、自分も相手も快適にすごすための
日常生活のマナーや**常識・ルール**、
みんなから愛されるコミュニケーションの
テクニックを紹介していくよ。

まわりの人に「ステキだな」と思われちゃうような
“愛されガール”を目指して、
主人公のカリンたちといっしょに勉強していこう♪

この本の登場人物

カリン
素直だけどちょっと世間知らずなお嬢さま。整理整とんには自信アリ！

ハルキ
執事見習いとしてカリンの身のまわりの世話をしている。毒舌な一面も。

モモカ
おしゃれでやさしい、学校の人気者。カリンにとってはよき相談相手♥

マホ
はっきりした性格で運動が大好き★カリンとモモカのクラスメイト。

わたしカリン！
小学5年生
みんなに
ステキだなって
思われる
「愛されガール」を
目指してるんだけど…
姿勢は
悪いし…
食事マナーも
イマイチ
だし…

執事見習い
ハルキ
今のままでは
愛されガールからは
ほど遠いですね
ううううー――
…ってことが
あったんだけど
どうしたらいいか
わからなくて
自分のプリンセスタイプと
目指すべき愛されガールが
わかるんだって♪
それならこの診断
ためしてみたら？

あなたはどんなプリンセスタイプ？

愛されガール診断

みんなにはどんなプリンセスの素質があるのか、
10の質問からチェックしていくよ♪　選択肢の前についている
♥★♣♠♦の5つの記号の数をカウントしてね！

Q1
心友とショッピングにやってきたよ♪今日のコーデの主役は？

★ すずしげなブラウス
♣ ガーリーワンピ
♠ 大きめのアクセ

Q2
何気なく入った映画館。今のあなたはどの映画の気分？

★ 大ヒット中のアニメ
♠ 超ド級のアクション
♦ 感動ラブストーリー

Q3
今日は連休の最終日！さて何をしよう？

♥ 家族でプチ旅行
★ 宿題を終わらせなきゃ…
♣ 友だちと公園へ

Q4
友だちから恋愛相談が！あなたならどうする？

★ 最後まで聞いてから考える
♣ とりあえず応援します！
♦ 積極的にアドバイスするよ

Q5
1日だけプリンセスになったら、朝ごはんは何を食べたい？

♥ 優雅にパンケーキ
♠ 朝からステーキ！
♦ もちろんお米

Q6
お気に入りのぬいぐるみが突然しゃべりだしたよ！ぬいぐるみはなんと言った？

♥ キミと話したかったんだ！
★ おなかがすいたよ〜
♠ もっとマジメに勉強したら？

Q7
クラスの発表会前日なのに、劇のセリフを覚えていないあなた。さてこれからどうする？

♥ 今から必死に覚える！
♣ アドリブで演じれば大丈夫
♠ 明日は休んじゃうかも…

Q8
友だちにあげるとしたらどんなお菓子をつくりたい？

♣ 見た目がかわいいクッキー
♠ もちもちのドーナツ
♦ ホールケーキに挑戦！

Q9
大事な約束の日に大寝坊！全然間に合いそうにないけど…どうしよう!?

♥ 面と向かって正直にあやまる
♣ 仮病を使って言い訳しちゃう
♦ 電話で事情を説明する

Q10
好きな子に飲みものを差し入れすることに。何を買っていく？

♥ 果汁100%のジュース
★ ココアやカフェオレ
♦ 炭酸飲料

結果発表

Q1〜Q10で選んだ答えの前についているマークをぬりつぶしてみよう。
いちばん多かったマークをチェックして、該当するページに進んでね！

♡♡♡ ♡♡♡	☆☆☆ ☆☆☆	♧♧♧ ♧♧♧	♤♤♤ ♤♤♤	◇◇◇ ◇◇◇
♥がいちばん多かった子は8ページをチェック！	★がいちばん多かった子は9ページをチェック！	♣がいちばん多かった子は10ページをチェック！	♠がいちばん多かった子は11ページをチェック！	♦がいちばん多かった子は12ページをチェック！

♥がいちばん多かった子は…

ラプンツェルタイプ

持ち前の明るさで
みんなをハッピーにしちゃう♪

持ちょう

ラプンツェルの明るい歌声が森の小鳥たちを呼ぶように、いつも前向きなあなたのまわりには、自然と友だちが集まってくるよ！　ポジティブな性格が好感度バツグンなの♥

目指すべきは…

笑顔キラキラガール

前向きでおっとりしているあなたには、まわりのみんなを元気にする力があるみたい。明るいあいさつ＆ニコニコ笑顔を心がけて、ハッピーなオーラをふりまいちゃおう★

こんなプリンセスだよ！

長くてキレイな髪をもつプリンセス。森の奥にある高い塔の上で暮らしているよ。歌うことが大好きで、その美しい歌声が王子さまに見初められたの♡

これを意識してみよう！

あいさつは元気よく★
だれに対してもニッコリ笑って明るくあいさつすれば、好感度UPまちがいなしだよ♥

ネガティブトークを明るくしちゃおう！
暗い話題になったときは、さりげなく明るいトークにチェンジ♪　気持ちも明るくなるよ。

白い歯で笑顔をランクアップ↑↑
白い歯はステキな笑顔の必須条件。食後は必ず歯をみがいて、さわやかな笑顔をGETしよう★

★がいちばん多かった子は…

シンデレラタイプ

信頼度ナンバーワン★
正義感の強いしっかり者

特ちょう

お掃除が得意なシンデレラのように、身のまわりの整理整とんは完ぺき！　正義感が強くしっかり者のあなたは、周囲からも一目置かれる存在だよ。自信にあふれる堂々とした態度が◎。

目指すべきは…

身だしなみ完ぺきガール

整理整とんはもちろん、お洋服やボディケアまで、自分の身のまわりのきめ細やかなケアを心がけてみて♪　清潔感あふれるコーデで、好感度は100点満点！

こんなプリンセスだよ！

やさしく、がんばり屋さんなプリンセス。お城の舞踏会に参加できなくて悲しんでいると、魔法使いが現れてドレスに靴、ステキな馬車を用意してくれたよ♪

これを意識してみよう！

鏡&コームをポーチにIN

小さめの鏡&コームがあれば、顔や髪をチェックしたり、さっとお直しできたりして便利だよ！

自分の部屋や机はこまめに掃除を

こまめに掃除をして身のまわりをキレイにしていると、気持ちがすっきりして余裕が出るよ♪

見えないところまでぬかりなく！

下着や靴下など、人からは見えないアイテムも、清潔なものを身につけるようにしてね★

がいちばん多かった子は…

白雪姫タイプ

みんなをリードする
クラスのムードメーカー♪

こんなプリンセスだよ！

だれに対しても明るく接する、心やさしいプリンセス。悪いおきさきさまによってお城を追い出されてしまい、森の中で７人の小人たちと暮らしはじめるよ！

特ちょう

個性豊かな小人たちと楽しく暮らす白雪姫のように、あなたはクラスを明るくするムードメーカー的存在。いつも面白いあなたのトークに、みんなは興味しんしんみたいだよ♪

目指すべきは…

会話が楽しいガール

自分の話をするだけじゃなく、聞き上手になることで、相手にもっと「会話が楽しい」って思ってもらえそうだよ。シーンにふさわしい言葉づかいができると、さらにGOOD★

これを意識してみよう！

話を聞くときはリアクションも意識！

楽しそうに話を聞いてもらえると、うれしいよね。人の話を聞くときは、リアクションを忘れずに♪

ヒミツはぜったい守ってね★

いくら会話が盛り上がっても、友だちのヒミツをほかの人に話すのはNG。約束は守ってね！

みんなが楽しいトークをしよう！

その場にいる人全員が楽しめるトークを心がけてね♪　会話に入っていない子にも、話題をふろう。

♠がいちばん多かった子は…

ベル タイプ

好奇心旺盛で
ハヤリに敏感なおしゃれさん♥

特ちょう

つねにアンテナを張ってハヤリに敏感なあなた。ベルのように研究熱心で、気になったことはとことんつきつめていくタイプだよ♪　友だちからは「もの知りだな」って思われているかも!?

目指すべきは…

気配り◎ガール

色々な情報をキャッチする力があるあなたは、相手の気持ちを察するのも得意なはず。相手がしてほしいことを読みとって、さりげなくフォローしてあげれば、信頼度もぐんぐんUP★

こんなプリンセスだよ！

本が大好きで好奇心いっぱいなプリンセス。お父さんのかわりに野獣の住むお城へ向かう、心やさしい一面も。少しずつ、野獣のやさしさにひかれていくよ♡

これを意識してみよう！

つねにまわりに気を配ろう

まわりに困っている子がいないか、つねにチェック！　できることがあれば手を貸してあげてね♥

「先を読む」ことを意識してみて

何か行動をする前に、その先どうなるかを考えるようにしよう。先を読む力がみがかれていくよ★

楽しむときは思いっきり！

イベントなどは思いっきり楽しんじゃおう！　みんなに協力するのも「気配り」のうちなんだよ♪

◆がいちばん多かった子は…

ねむり姫タイプ

エレガントなクールビューティー♥

特ちょう

歌やダンスが得意でエレガントなねむり姫のように、あなたがもつ大人っぽい雰囲気に、みんな注目しているみたい♥　自分の意見をきちんともったまっすぐさは、周囲の憧れのマト！

目指すべきは…

しぐさがキレイガール

クールで大人びた印象のあなたは、クラスのみんなから一目おかれる存在だよ。美しい姿勢やエレガントなふるまいを身につけて、まわりの子を見ためからリードしちゃおう！

こんなプリンセスだよ！

美しく、才能あふれるプリンセス。生まれたときに魔女に呪いをかけられ、15歳の誕生日に眠らされてしまったの。100年後、王子様が助けだしてくれたよ♡

これを意識してみよう！

猫背はNG！背筋をのばしてね

背筋をピンとのばすだけで、印象は変わるもの。洋服の着こなしもばっちり決まるよ★

ものを渡すときはなるべく両手で

ものを持つときや渡すときに両手を使うだけで、とたんにエレガントな印象になっちゃうの♥

ゆったりした動作が◎

何ごとにも余裕をもって、ゆったり行動してみよう。ろう下をバタバタ走るのは、ぜったいダメ！

カリンの
診断結果は
「ラプンツェル
タイプ」
持ち前の明るさで
みんなをハッピーに…

そういえばハルキも
言ってたっけ
『マナーを守ることは
相手に気持ちよく
すごしてもらうために
必要なことなんです』
みんなをハッピーに
するために
できることから
やってみよう！

もくじ

Lesson 1
おうちでのマナー

Lesson 2
学校生活のマナー

Lesson 3
お出かけのマナー

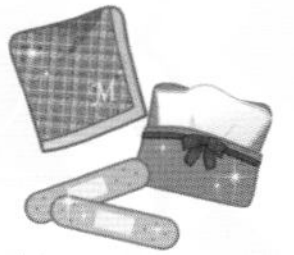

Lesson 4
コミュニケーションのマナー

ハッピーテクニック

特別ふろく デイリープランシート＆ウィークリープランシート

~Lesson 1~

日常生活をステキにチェンジ♪

おうちでのマナー

愛されガールを目指すって決めたけど、
何から始めたらいいのかな?

お嬢さまはまず、日々の生活を
ふり返ってみてはいかがですか?
改善点が見つかると思いますよ。

もぐ もぐ
もぐ もぐ
お嬢さまなのに
カリンは
テーブルマナーが
イマイチ…
ザクッ
カリンさま
おはしをさしては
いけません
おうちなんだし
そこまで気にする
必要ないでしょ！

美しいふるまいは普段から意識していないと
外で急にできるものではありません
カリンさまは掃除や片づけはお上手なのですから
この機会に日常生活のマナーも勉強しませんか？

おうちの中でもステキにふるまおう！

キレイなしぐさや、正しいマナーを身につけるには、普段から意識することが大切。まずはおうちの中でもステキなふるまいを心がけてね☆

おうちで心がけたい4つの約束

約束1 規則正しく生活しよう

食事、睡眠、運動の３つをバランスよくとることが、規則正しい生活の基本といわれているよ！　早寝早起きや３回の食事はもちろん、正しい姿勢で１日をすごすこともとても大切だよ☆

約束2 積極的にお手伝いしよう

任された仕事には責任をもとう。家の仕事は大変なこともあるけど、それをおうちの人に任せきりにするのはダメ。家族の一員として、積極的にお手伝いをしてみんなで気持ちよくすごしてね！

約束3 身のまわりを整えよう

洗顔や歯みがき、整理整とんなどは普段から意識したい大切なこと。身だしなみがきちんとした子は心もすっきりして、落ちついた印象を与えられるよ。おうちの中でも清潔に心地よくね♪

約束4 自分の安全を守ろう

居心地のいいおうちの中でも、危険なことがあるよ。少し気をつければ防げることばかりだから、日ごろから防犯や防災、ケガを予防する意識をもって、安心して生活できるよう心がけよう。

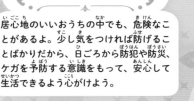

elegant check

まずは…毎日の生活をふり返ってみよう！

生活編

- □ 毎朝決まった時間に起きている
- □ 朝食をしっかり食べている
- □ はしを正しく使える
- □ 好ききらいをしていない
- □ 正しい姿勢を意識している
- □ 夜ふかしをしていない

チェックが少なかった子は22ページからを確認！

お手伝い編

- □ 自分に任された役割がある
- □ 掃除を積極的にしている
- □ ひとりで洗濯ができる
- □ ごみの分別方法を知っている
- □ 食後は使った食器を下げている
- □ 食器洗いを手伝っている

チェックが少なかった子は34ページからを確認！

身だしなみ編

- □ 清潔な洋服を着ている
- □ 洗顔、歯みがきを必ずしている
- □ 整理整とんをきちんとしている
- □ つめを短く切っている
- □ 前髪が目にかかっていない
- □ 毎日湯ぶねにつかっている

チェックが少なかった子は46ページからを確認！

安全編

- □ 戸じまりを意識している
- □ 帰宅時「ただいま」と言っている
- □ 無断で人を家に呼んでいない
- □ 刃ものを正しく使っている
- □ 使ったものは片づけている
- □ ネットのルールを知っている

チェックが少なかった子は68ページからを確認！

約束1

規則正しく生活しよう

毎日同じ時間に寝て同じ時間に起きるのがベスト！

生活リズムを整えるときにまず意識したいのが、起きる時間と寝る時間。「休みの日は寝坊したい」という気持ちもわかるけど、学校がない日もなるべく同じ時間に起きるのが理想なんだ♪ そのためには、夜ふかしはぜったいダメ。毎晩遅くまで起きていると、髪がいたんだり、顔色が悪くなったりして印象もイマイチに……。また、体の免疫力が落ちてカゼをひきやすくなることもあるよ。１日を気持ちよくスタートするためにも、まずは早寝早起きを心がけよう☆

えーっ！
休みの日くらいゆっくり
寝ていたいのに…。

最低でもいつも起きる時間の１時間後には起きるようにしたいですね。朝の時間に余裕ができると、ていねいに身支度ができますよ。

その分おしゃれの幅も広がるんじゃない？

理想的な1日のスケジュール

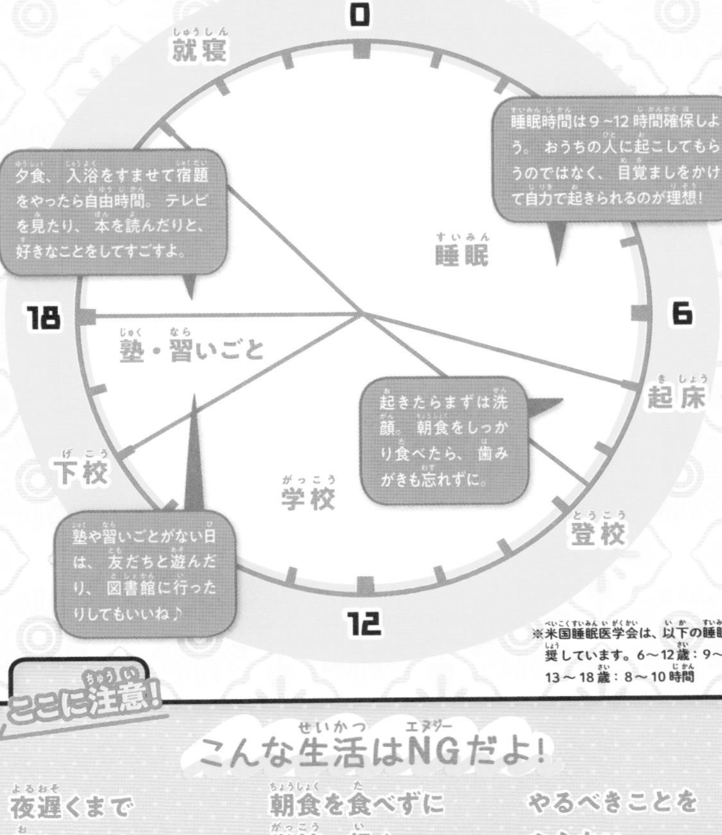

0
就寝
睡眠時間は9～12時間確保しよう。 おうちの人に起こしてもらうのではなく、目覚ましをかけて自力で起きられるのが理想!
夕食、入浴をすませて宿題をやったら自由時間。 テレビを見たり、本を読んだりと、好きなことをしてすごすよ。
睡眠
18
6
塾・習いごと
起床
起きたらまずは洗顔。 朝食をしっかり食べたら、歯みがきも忘れずに。
下校
学校
登校
塾や習いごとがない日は、友だちと遊んだり、図書館に行ったりしてもいいね♪
12

※米国睡眠医学会は、以下の睡眠時間を推奨しています。6～12歳：9～12時間／13～18歳：8～10時間

ここに注意!

こんな生活はNGだよ!

夜遅くまで起きている

夜ふかしは美容にも健康にもよくないよ! 1日9～12時間眠るのがベストなので、自分が起きなきゃいけない時間から逆算して、寝る時間を決めよう☆

朝食を食べずに学校へ行く

朝食は1日のエネルギーをつくるために欠かせないよ。朝食を抜くと、集中力が落ちて勉強に身が入らなかったり、夜まで体力がもたなかったりすることも。

やるべきことをやらない

宿題をあとまわしにしたり、歯みがきをついサボったり。ちょっとしたことの積み重ねで生活リズムが乱れていくよ! やるべきことはあとまわしにしないでね。

毎朝すっきり起きるには？

夜、寝る前の習慣を見直そう！

朝、すっきり目が覚めなくて、布団の中でダラダラしちゃうという子も多いんじゃないかな？　そんな朝の不調の原因には、じつは寝る前の習慣が関係しているの！　夜遅くまでTVを見ていたり、寝る直前までスマホをいじっていたり、遅くまでゲームしちゃったり……。そんな生活に心当たりがある子もいるかもしれないね。夜ふかしぎみなみんなのために、寝る前に意識したいポイントを紹介するよ。

寝る前にはこれを意識！

食事は就寝の2時間前までに

食事は寝る2時間前までにすませよう。寝る直前に食事をすると、寝ている間も胃腸が消化活動をつづけることになって、体が思うように休まらないんだ。それが原因で朝すっきりしないというのも考えられるよ。

TVやスマホをいつまでも見ていない

TVやスマホの画面からは「ブルーライト」という特殊な光線が出ているよ。これを長時間浴びていると、目がさえて、頭が睡眠モードにならなくなってしまうんだ。寝る30分前にはTVを消して静かに体を休めてね。

起きる時間を声に出してみる

目覚まし時計をセットしてベッドに入ったら、「明日は7時に起きる！」と声に出して言ってみよう。そうすることで時間を脳が記憶して、体内時計がリセットされるよ。きっとすっきり起きられるはず♪

朝のお悩みをズバッと解決！

小学生のみんなの、朝ならではのお悩みに答えていくよ☆

Q 毎朝すっきり起きられなくて、なんとなく朝がユーウツに……。気分をあげる方法はある？

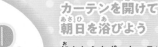

A **カーテンを開けて朝日を浴びよう**

起きたらまず、カーテンを開けてみて。朝日には、体をシャキッと目覚めさせる効果があるよ。ほかにも、音楽をかけてリラックスしたり、お水を飲んだりすることもオススメ♪

Q 目が覚めてからも、体を起こすのが辛くてなかなか布団から出られない……。

A **両手足を上げてブラブラしてみよう！**

どうしても起き上がれない……というときは、寝っ転がったまま両手足を天井に向けて伸ばしてみよう。そのままの状態で手足をブラブラさせると、だんだん血行がよくなって起き上がるのが辛くなくなるよ♪

Q 毎朝ひどい寝グセが！寝グセを簡単になおす方法はある⁉

A **蒸しタオルを使えば簡単になおせるよ♪**

水でぬらして固くしぼったタオルを、レンジで30秒チン。軽くさましてから髪全体をすっぽり包んでね。この間に食事や歯みがきをしてもＯＫ！　５分ほどたったらブラシで髪を整え、ドライヤーで乾かせば寝グセなおし完了。やけどにはじゅうぶん注意してね！

美しい姿勢で生活しよう

比べてみよう

GOODな姿勢

NGな姿勢

あごを軽く引いて、視線はまっすぐに！

腰のそらしすぎはNG。スキニーパンツのファスナーを上げるときのようにお腹を引っこめると、骨盤が垂直になって◎。

胸を張るだけでも、たちまち印象UP♥

両足に均等に体重をかけて立つようにしてね！

うつむきがちだと、性格も暗い印象に……。

背中が丸まって肩が内側に入ると、頼りなさそうに見えちゃうよ！

片足に体重をかけていると、だらしない印象を与えちゃいそう！

GOODな姿勢には
こんなメリットが！

全身の筋肉がバランスよく使われるよ！ 肩を広げて胸を張れば、デコルテに当たった光が顔に反射して、表情が明るく見えるの♪

NGな姿勢は
これが原因かも！

長時間スマホやゲームの画面を見ていたり、いつも同じ手でバッグを持っていたりすると、体の軸になる骨格がゆがんでしまうかも！

姿勢でこんなに見た目の印象がかわるなんて、ちょっとびっくり！

毎朝、自分の姿勢をチェックしよう

姿勢はその人の第一印象を決める大切な要素のひとつ。美しい姿勢は人によい印象を与えるだけじゃなく、自分にも自信がもてるようになるよ！まずは、毎朝自分が正しい姿勢で立てているかチェックしてみよう。正しい姿勢は、壁を使ってチェックできるの。右のイラストのようにかかとを壁につけ、左右のつま先をにぎりこぶし１個分あけて立ったとき、後頭部、肩甲骨、お尻、ふくらはぎが壁につくようなら、正しい姿勢をキープできている証拠。どこか一部でもつかないという子は、体がゆがんでいる可能性があるよ！

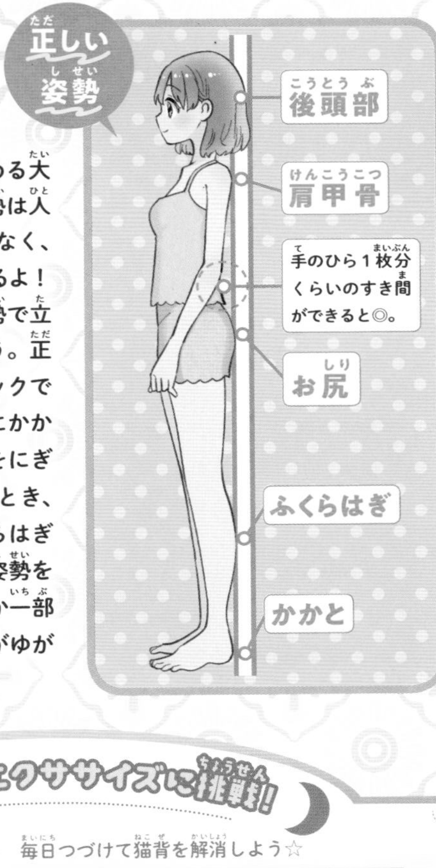

姿勢を正すエクササイズに挑戦！

１日６セットが理想♪　毎日つづけて猫背を解消しよう☆

1 イラストのように、ひじが肩の高さになるように上げ、手のひらを前に向けよう。ひじの角度は直角に♪

2 真後ろにある壁をタッチするイメージで、肩甲骨をぐっと寄せよう。１セットにつき５回が目安だよ！

食事は3食バランスよく！

和食の基本「一汁三菜」で食事バランスもばっちり！

和食の理想的な形式を一汁三菜というよ。一汁はおみそ汁などの汁もののこと。三菜はおかずが3品という意味で、肉や魚などのメインのおかずと野菜やきのこなどを使った副菜2品のことなんだ。これにごはんと香のもの（おつけもの）をつけたものを一汁三菜と呼んでいるよ。これを意識すると、さまざまな栄養素をバランスよく摂れるんだ！　栄養素というのは、体をつくったり、動かしたりするために不可欠なもの。食材によって、含まれている栄養素もちがうよ。よく食べる食材にどんな栄養素が含まれているか、チェックしてみよう♪

料理&食材と栄養素

	食材グループ	主な栄養素
主食	ごはん、パン、麺類など	炭水化物（糖質）
主菜	肉、魚、卵、豆製品など	たんぱく質、脂質
副菜	野菜、きのこ、海藻類など	ビタミン、ミネラル、食物繊維
乳製品	牛乳、チーズ、ヨーグルトなど	ミネラル、たんぱく質、脂質
くだもの	みかん、りんごなど	ビタミン、ミネラル

5大栄養素の役割

栄養素の中でも、とくに重要な５つを「５大栄養素」というよ。
まずはこの５つの栄養素をバランスよく摂る食事を心がけてみよう♪

炭水化物（糖質）

体を動かしたり、頭をはたらかせたりする「エネルギー」の源になる栄養素だよ。糖質が不足すると、集中力が落ちる、疲れやすくなるなどの不調が起こることも。

たんぱく質

骨や筋肉、血液、内臓など、「体をつくる」ために必要な栄養素だよ。たんぱく質が足りないと、爪や髪がいたみやすくなってしまうよ！

脂質

体を動かすエネルギーになる栄養素。少ない量でもたくさんのエネルギーを補給できるよ。ただし、摂りすぎは肥満の原因になるので要注意！

ミネラル

体をつくるのに欠かせない栄養素で、骨や歯のもとになるカルシウムや、血をつくるための鉄分などが含まれているよ。意外と不足しがちなので意識して摂ってみよう。

ビタミン

体の調子を整えるのに欠かせない栄養素。ビタミンの中にもA、C、Dなど、さまざまな種類があるから、なるべくいろいろ摂るようにしてね！

炭水化物には、ダイエットの味方の「食物繊維」も含まれているよ！
食物繊維には、便通をうながしてくれるはたらきがあるの♪

食事のマナーをおさらい!

「食事を楽しむ」ことがいちばん大切だよ

食事をするときにいちばん大切なのは、その場にいる人全員が楽しめること。これは給食や友だちとの食事だけでなく、家族との食事でも同じだよ。全員で食事を楽しむために必要なのが「テーブルマナー」。テーブルマナーは、自分も相手も気持ちよくすごすための食事中のマナーのことなんだ。これをマスターすれば、レストランなどでもスマートに食事ができるよ♪

テーブルマナーについては、120ページでくわしく解説するよ♥

食事のときはこれを意識!

あいさつを忘れずに

「いただきます」や「ごちそうさま」など、感謝の気持ちを伝えるあいさつは基本中の基本! レストランなどに出かけたときは、お店の人へのあいさつも忘れないでね☆

食器は正しく使おう

正しいはしの持ち方、食器の正しい使い方など、基本的なマナーは押さえておこう! 正しい使い方ができていないと、まわりの人に不快な思いをさせてしまうこともあるよ。

背筋はのばしてね

食事のときも正しい姿勢を意識! 背筋をピンとのばし、体をまっすぐにして食べることで、胃や腸などの消化器官が正しくはたらくよ♪ テーブルにひじをつかないようにしてね!

関わってくれたすべての人に感謝しよう

食事の前後には、心をこめてあいさつをしよう！　食事を始めるときに言う「いただきます」は、肉や野菜など、生きものの命をいただくことへの感謝を表す言葉。食後の「ごちそうさま」は、料理をつくってくれた人や食材を運んでくれた人、配膳してくれた人への感謝を表す言葉なんだ。食事に関わってくれたすべての人に感謝し、心をこめてていねいにあいさつしてね。

食材をつくっている生産者さんや、運んでくれた人、それに市場やお店の人も！　お料理に関わっているのは、シェフだけじゃないんだね！

ポジティブな内容の会話を楽しもう

食事のときの会話は、ポジティブな話題が好ましいよ！　みんなが明るい気持ちになれるような、楽しいテーマを意識しよう♪　自分の身に起きたうれしかったことや楽しかったこと、その日のメニューや食材について話してもＯＫ！　一部の人にしかわからないような話はさけて、会話に入れない人ができないようにしてね☆

大人数で食事をしているときは、両隣の人と楽しく話せるといいね！

ここに注意！

こんな会話はＮＧ

きらいな食べものの話

食事をしているとき、目の前の人が「これおいしくない！」と言っていたらどう思うかな？　たとえニガテなものがあったとしても、それを大声で言うのはやめようね。

悪口やグチなど

だれかの悪口やグチなど、みんながネガティブになるような話題はさけよう。せっかくおいしく食事をいただいているのだから、トークテーマは明るく、盛り上がれるものに♪

正しいはしの持ち方をおさらいしよう

右のイラストのように、親指、人さし指、中指の３本で上のはしを持ち、親指のつけ根に下のはしをはさんで薬指の第一関節あたりで支えるのが、正しいはしの持ち方。下のはしは動かさずに、上のはしだけを動かして食べものをつかむよ。

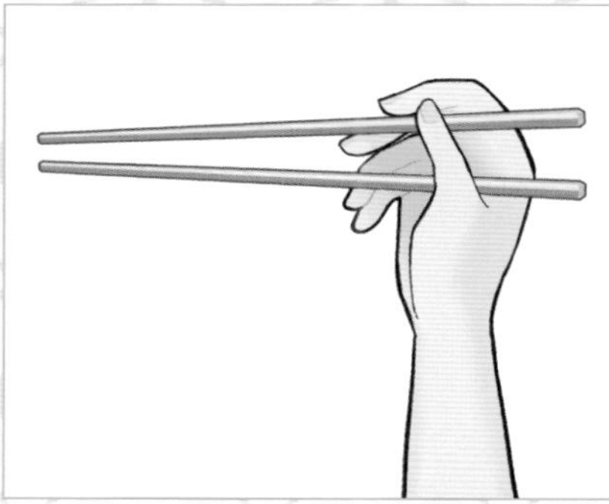

こんな持ち方はNGだよ

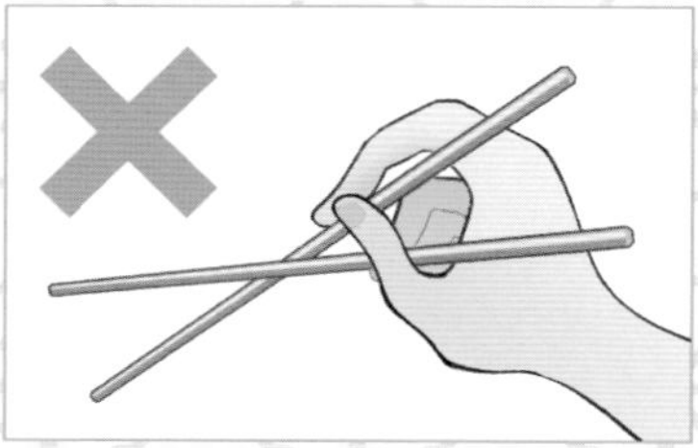

はしを必要以上ににぎりしめてしまうと、余計な力が入って上下のはしが交差する「クロスばし」の原因に！　これは上品とは言えないので、改めよう。

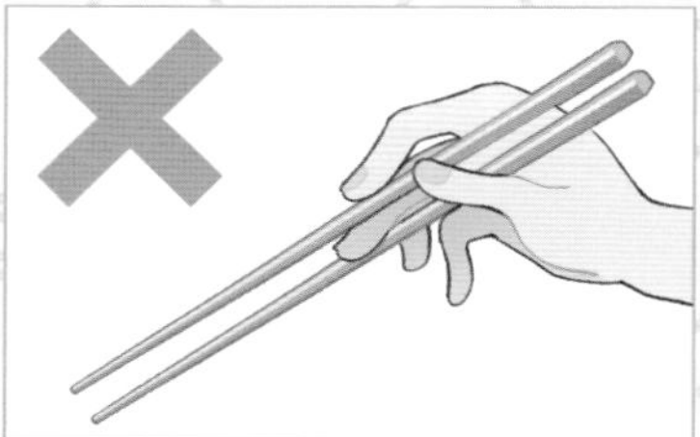

上下のはしの間に中指をはさんでしまう持ち方を「平行ばし」と言うよ。はし先が平行になっているから、食べものをつかみにくいんだ。

✕ はしでやってはいけないこと

- **移しばし** …はしからはしへ直接食べものを渡すこと
- **ねぶりばし** …はし先についたものをなめること
- **立てばし** …ごはんにはしをつき立てること
- **寄せばし** …はしで遠くにある食器を引き寄せること
- **涙ばし** …はし先から汁を落としながら口に運ぶこと

和食の配膳の例

お茶わんは左、おみそ汁は右側に置きます。魚の切り身は、皮が見えるほうを上にして置きましょう。尾頭つきの魚の場合、一般的には頭を左側にします。

和食は器を手に持っていただくよ

器を持ちあげて食べるのは、和食ならではの文化。手のひらよりも小さい器は持ちあげて、手のひらよりも大きな器は置いたまま食べるのが一般的だよ。ただし、ごはんの入った丼は持ちあげてOK！

1

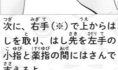

おわんに入ったものをいただくときは、おわん→はしの順に手に取るよ。まずは両手でおわんを持ちあげて。

2

次に、右手（※）で上からはしを取り、はし先を左手の小指と薬指の間にはさんで支えるよ。

3

左手ではし先を支えたまま、右手ははしを持ちかえて正しい位置に。ここまでが一連の動作だよ！

※右利きの場合。左利きの場合は、おわんを右手、はしを左手で持ちましょう。

約束2

積極的にお手伝いしよう

家族の一員としてできることを探そう♪

掃除や洗濯、お料理などのお手伝い、みんなはどれくらいやっているかな？毎日決められた役割がある子、休みの日は手伝っているという子、中には全部おうちの人に任せきりという子もいるかもしれないね。おうちの仕事＝家事は、家族全員で助け合っておこなうもの。自分も家族の一員だという自覚をもって、できることを探してみよう。

掃除や片づけ以外はじいやに任せてたかも…！

こんなことをするとよろこばれるよ！

玄関掃除

砂やホコリがたまりやすいから、こまめにはき掃除を。ぬいだ靴はそろえるか、靴箱にしまっておこう♪

お風呂掃除

浴槽をスポンジなどでキレイにするよ！　最後にシャワーで流し、水がはけたら栓をしよう。

洋服をたたむ

乾いた洗濯物をとり入れてたたもう。たたんだ服は持ち主ごとに仕分けて、並べておくとGOOD！

ごはんの準備

お米をとぐ、テーブルをふく、配膳などの手伝いをするだけでも、おうちの人はとっても助かるんだって！

洗いもの

使用した食器を洗ったり、食洗器に入れたりするのを手伝おう。洗い終わった食器の片づけをするのも◎。

ゴミ捨て

ゴミの収集日を覚えて、決められた場所へ持っていこう。時間によっては、登校のついでにできちゃうよ♪

失敗しない洗濯テクニック

タグについている洗濯表示をチェックしよう！

洗濯の前に、服のタグについている「洗濯表示」を必ずチェックしよう。ここには、その服に適した洗い方が書かれているんだ。生地によっては、熱に弱いもの、水につけると縮んでしまうものなど、いつも通りに洗濯できないものもあるから注意が必要だよ。

ネットを活用しよう

ブラなどの金具がついた服、形が崩れやすいニットなどは、ネットに入れて洗濯しよう。こうすることで、洗濯中の衝撃や脱水の勢いで、形が崩れてしまうのを防げるよ。洗濯ネットは洗うものに合ったサイズを使ってね。

主な洗濯表示

←オケの中の数字は水温の上限を表していて、下の線は水流を弱くしてという印。線が多いほど弱くしてね。

↑オケの中に手が入っているのは、手洗いのマーク。洗濯機は使えないので、手でやさしく洗おう。

↑これは家庭では洗えないという表示だよ。汚れてしまったときは、クリーニングに出してね。

洗濯機につめこみすぎない

服を洗濯機に入れすぎると、洗濯中に水の流れができず、汚れを効果的に落とすことができないよ。汚れが残っていると、そこに菌が繁殖して、ニオイの原因になってしまうかも！大切な服を清潔に保つためにも、一度の洗濯に適した量を守ってね♪

洗濯機の洗濯がおわったら、
なるべく早く干すことを
心がけましょう。

お掃除習慣でキレイをキープ！

お掃除の習慣を身につけよう

お部屋を掃除し、すみずみまでキレイになると、不思議と気持ちもすっきりするもの。お掃除には、そういうメリットもあるんだ♪　普段から自分で掃除をしていると、細かいことにまで目がいくようになったり、身のまわりのものをていねいにあつかえるようになったりするよ！　自分の部屋はもちろん、みんなが使う共用スペースも、気づいたら掃除をする習慣を身につけよう☆

これがあると便利！

粘着ローラー

ベッドやラグ、ときにはお洋服など、ちょっとしたゴミに気づいたときは、コロコロするだけでお掃除完了！

ウェットティッシュ

雑巾がなくても、サッと汚れをふきとることができて便利。勉強机など、手にとりやすい場所に用意しておこう。

小さなハケ

机の消しカスなどを掃除するのに便利だよ♪　ちりとりがセットになっているものもあるから チェックしてみて。

こういうアイテムで、
気づいたときにこまめに
お掃除することが大切なのよね♪

ゴミ捨てのルールは地域ごとにちがうよ

家のゴミは、地域ごとに決められた曜日に出すようにしよう。曜日だけでなく、出す時間や場所が決まっている地域もあるからしっかり確認してね！また、ゴミは燃えるもの、燃えないもの、資源になるものなど、タイプごとに分別して捨てなくちゃいけないんだ。下の表も参考にしながら、自分が住んでいる地域の分別方法をチェックしてみてね♪

燃えるゴミ用、燃えないゴミ用、資源ごみ用と、ゴミ箱をいくつか用意しておくと分別が簡単だよ♪

その通りです。また、家具や家電などの大きなゴミの処分にはお金がかかる場合もあるので注意が必要ですね。

そうなんだ…。新しいソファが欲しかったけど、やっぱりもう少し使おうかな。

ここに注意！

ゴミは正しく分別しよう

ゴミの分別方法は住んでいる場所によってちがうけど、ここでは主な分類の方法を紹介するよ。燃えるゴミ用、燃えないゴミ用など、専用のゴミ袋が必要な地域もあるからおうちの人に確認してみよう！

資源ゴミに出せるものはマークがついているよ！

飲料缶の識別マーク

ペットボトルマーク

プラスチック製容器包装マーク

紙製容器包装マーク

ゴミの主な分け方

燃えるゴミ	紙や布、生ゴミなど
燃えないゴミ	カサなどの金属類、陶器類など
資源ゴミ	プラスチックやペットボトル、段ボールなど再利用できるもの
粗大ゴミ	家具などの大きなゴミ
小型家電	ゲーム機やデジタルカメラ、時計など
危険ゴミ	電池やスプレー缶など、発火性、爆発性の高いものや、刃ものなどの危険なもの

食器洗いは順番がカギ♪

食器を分けて下洗いしよう

まずは汚れのレベルごとにざっと食器を分けるよ。カレー皿や油でベトベトのフライパンのように汚れのはんいが広いもの、お茶わんのように汚れがこびりついているもの、おみそ汁のおわんやコップのように、あまり汚れていないものに分けるのがおすすめ。汚れのはんいが広いものは、紙などでぬぐっておいてもOKだよ。

下洗いテク

汚れ多めのカレー皿など

紙やぼろ布（ウエス）などで、できるだけ汚れをオフ！　洗剤を混ぜた水につけるのも◎。

お茶わん

固くなりやすいごはんの汚れは、水につけてふやかしておくと洗いやすいよ！

フライパン、鍋

油は冷えると固まるので、熱いうちに紙などでふきとろう。やけどには注意してね。

汚れの少ないものから洗おう

まずはグラスなどのガラス製品、次におはしやおわんなど、汚れが少ないものから洗っていくと、スポンジの泡が長もちして洗剤の節約にもなるよ♪　とくに汚れたお皿や、油っぽい食器は最後に洗ってね！

ここに注意！

泡はその都度流さない！

１つの食器を洗ったら、つい泡を流したくなっちゃうかもしれないけど、いちいち泡を流していくのでは効率も悪いし、水ももったいないよ。まずはすべての食器をスポンジで洗ってからすすぎに入ると、効率的だよ！

最後に泡を洗い流そう

食器を洗いおえたら、最後に泡を洗い流すよ。このとき、汚れや泡が食器に残っていないかよく確認しよう。見た目はキレイになっていても、さわってみるとヌルヌルしている場合もあるから注意が必要なんだ！

さわったときにぬめりがなく、
キュッと音がしたら

食器をふいて棚に戻そう

水切りカゴである程度の水が切れたら、清潔なふきんで水をふき、決められた場所に戻そう。目のあらい布だと食器をキズつけてしまうこともあるから、やわらかいふきんを使って♪

洗いもののあとはキッチンをチェック！

使用後の流しがキレイな状態かをチェックしよう☆

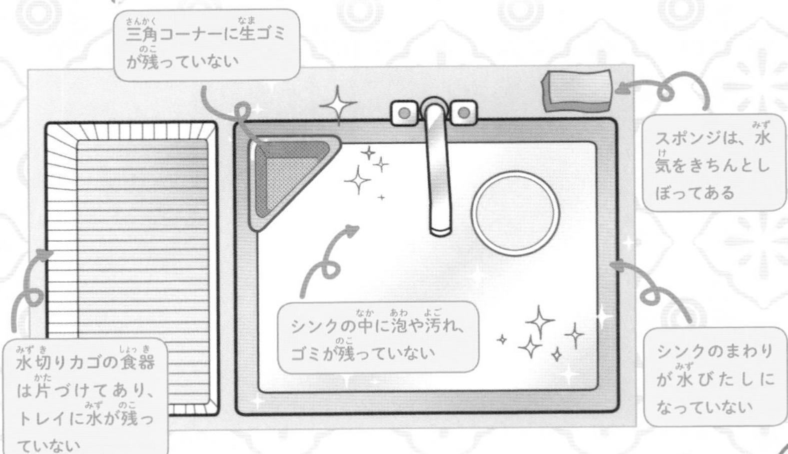

三角コーナーに生ゴミが残っていない
スポンジは、水気をきちんとしぼってある
シンクの中に泡や汚れ、ゴミが残っていない
水切りカゴの食器は片づけてあり、トレイに水が残っていない
シンクのまわりが水びたしになっていない

電話のときはハキハキ話そう

自分の名前と要件をハキハキと伝えるよ

顔が見えない電話での会話のときは、相手が聞き取りやすい声でハキハキと話すことが大切。自分から電話をかけるときは、はじめに「○○小学校の△△です」と、名前を名乗ることを忘れないでね！　いきなり要件を話さず、自分がだれなのかを相手に伝えてから話し始めよう。

電話をかけるときの順序

1. 要件をまとめておく
2. 名前を名乗る
3. だれと話したいか伝える
4. 要件を話す
5. おわりのあいさつ

電話を受けたときは…

まずは「はい」と言って電話に出て、相手から「○○さんのお宅ですか？」と聞かれたら「そうです」と答えよう。いきなり名乗ってしまうと、いたずら目的で電話をかけてきた相手にも名前を知られてしまうよ。また、ひとりでの留守番中は無理に電話に出なくてもOK。どうすればいいか、おうちの人と相談しておこう。

電話機に登録されていない番号からの電話は、出なくてもいいかも。あらかじめおうちルールを決めておいて！

電話の受け答えをシミュレーション

PRRRRRR…

はい。

石川さんのお宅ですか？

はい、そうです。

お隣に住んでいる内田です。

内田さんこんにちは。

あら、ゆうなちゃん？
こんにちは。お母さんはいるかしら？

はい、今代わりますので
少しお待ちください。

または

すみません、母は今手がはなせないので、
あとでかけ直してもいいですか？

この会話のポイント

最初から名乗らず、相手に聞かれてから名乗るのは防犯の面でも安全だよ。しっかりあいさつができているので、好感度も高め♪　このときは知っている人からの電話だったけど、知らない人からの電話のときはとくに、「おうちの人が不在で子どもしかいない」ということは伝えない方がいいよ。「母は今手がはなせません」などと伝えるようにしよう！

Happy technique

ハッピーテクニック1

お客様をおもてなししよう！

お客様をおうちに招いたら、めいっぱい楽しんでもらいたいよね♡
ここでは、おもてなしのテクニックを紹介するよ！

おもてなしの方法を事前に考えておこう

お客様には、帰るときに「楽しかったな」「また来たいな」と思ってもらえるようなおもてなしができると理想的♡　部屋を片づけて、見た目をキレイにしておくことももちろん大事だけど、それだけではなく、どんなことをしてすごしてもらうかを事前に考えておこう♪

お客様をおむかえする準備

時間や場所はしっかり伝えよう

当日、お客様が迷わないよう、家の場所や来てほしい時間をしっかり伝えておいてね！　場所がわかりにくいときは、地図を書いて渡したり、目印になるような場所までむかえに行ったりなどの配慮をしよう！

お部屋のお掃除は前日までに

前日までに、掃除や片づけをすませておこう！　ダイニングや自分の部屋だけでなく、玄関や洗面所、トイレのお掃除も忘れずにね♪　当日は、テーブルにお花を飾っておもてなしすると、はなやかになって◎。

おやつや飲みものを用意しておこう

おやつやジュース、お茶などの準備も欠かせないよ！　お客様の好みに合わせて何種類か用意したり、人数分よりちょっと多めに用意しておいて、突然人数に変更があったときも対応できるようにしておこう♪

お客様が到着したら笑顔でおむかえしよう

インターホンが鳴ったら、なるべく早く出るようにしてね。玄関でお客様をおむかえするよ。このとき、人数分のスリッパをあらかじめ用意しておこう。お客様の荷物が多かったり、コートを着ていたら、玄関で預かってもOK。お客様のコートはハンガーにかけておいてね♪

まずはお茶を飲んでくつろいでもらってね

お客様の気持ちを想像しておもてなしをするとよろこんでもらえるよ！到着したばかりのお客様はのどがかわいているかもしれないから、すぐに飲みものをお出しできるといいね。暑い日は冷たいものを出したり、お客様の好きな飲みものを出したりなどの気づかいもできると◎。

全員が楽しんでいるか気配りを忘れずに

複数のお客様を招いたときは、全員が楽しめるよう気を配ってね。具体的には、みんながトークに入れるようにしたり、ゲームなどは順番に参加できるよう工夫したり。ひとりでもつまらない思いをしている人がいないように、お客様一人ひとりに意識を向けよう！

ワンポイントおもてなしテク

ウォールデコでお部屋をかざりつけ

誕生日パーティーなどのはなやかなイベントでやってみたいウォールデコ。名前の通り、ウォール（壁）をデコレーションすることだよ。折り紙を三角形に切ってガーランドにしたり、風船やお花紙を飾ったりするだけでも、にぎやかさが増すのでおすすめ！

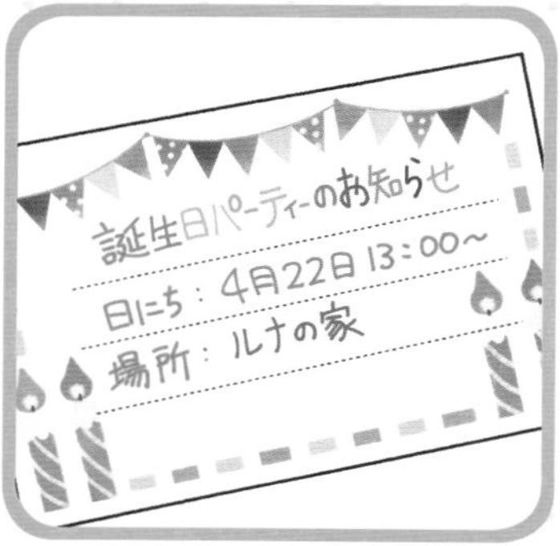

招待状をつくって本格的に

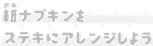

招待状をつくるだけで、たちまち本格的に♡　もらった人もうれしい気持ちになることまちがいなしだよ！　招待状には、日付や時間、場所、持ちもの、メッセージなどを書こう。イラストやシールでカラフルにデコるとさらにＧＯＯＤ！
（160 ページ～も参考にしてね！）

紙ナプキンをステキにアレンジしよう

お食事用のナプキンの代用として、紙ナプキンを使うことも多いよね。そんな紙ナプキンは、折ってモチーフをつくっておけば、テーブルがはなやかな印象に！
右ページでは、代表的なモチーフである「おうぎ」の折り方を紹介しているから、ためしてみてね☆

紙ナプキンの折り方

- - - - - - - 谷折り
・—・—・— 山折り

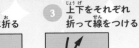

布のナプキンでも使われることが多い、おうぎの折り方を紹介！
お皿の上で、おうぎがふわっと開いたような印象になるよ♡

1 半分に折る

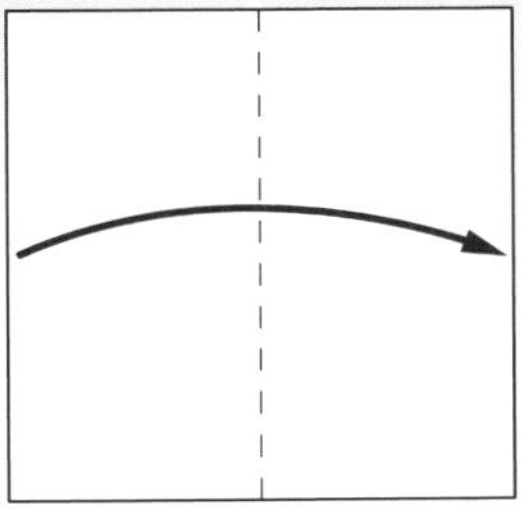

2 さらに半分に折る

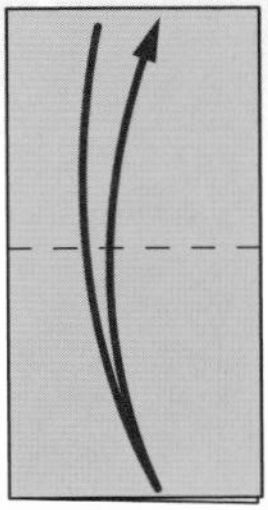

3 上下をそれぞれ折って線をつける

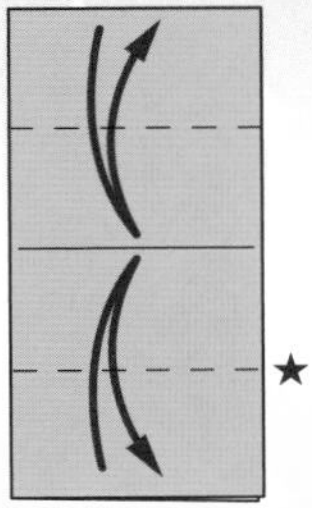

4 一度半分に折ってから3の★の線の位置で手前に折り返す

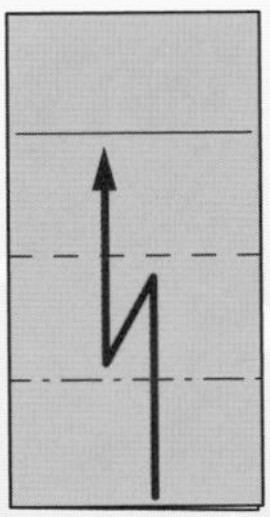

5 下半分を重ねたまま段折りする

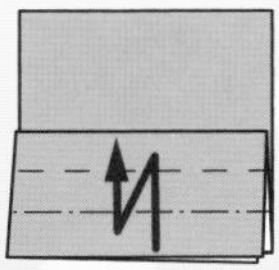

6 5で折った部分を広げる

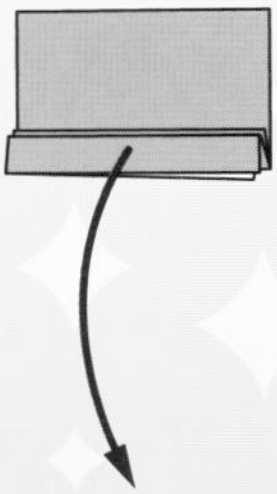

7 5でつけた線にそって、下からアコーディオン状に段折りしていく

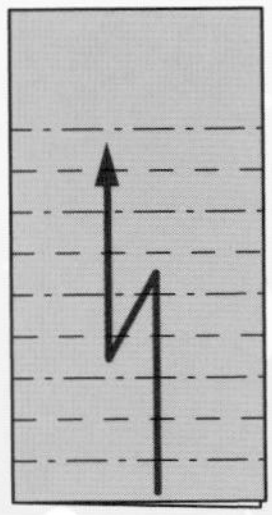

8 半分に折る

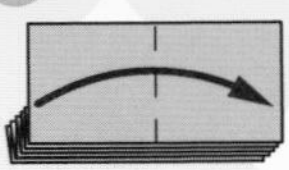

9 2枚いっしょに三角に折り、ひとつ目のひだの間にさしこむ

10 ひだを広げたら…

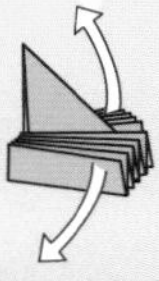

完成！

約束3

身のまわりを整えよう

身だしなみをきちんとして心地よく生活しよう

身だしなみがきちんとしている子は、さわやかでしっかりしている印象に見えるもの。毎日の身だしなみや身のまわりの整理整とんは、おうちの中でも意識しよう。身だしなみでいちばん大切なポイントは、清潔感。普段から清潔感のある髪型や服装を心がけていれば、見た目だけじゃなく、内面もどんどんキレイになっていくはず♡

check

ここをチェックしよう

- ☐ 清潔な服を着ている
- ☐ 脱いだパジャマをたたんでいる
- ☐ 毎日きちんと入浴している
- ☐ 食後に歯みがきをしている
- ☐ つめは短く切りそろえている
- ☐ 髪をとかして寝グセをなおしている
- ☐ 身のまわりを整とんしている

次のページからは、さっそく身だしなみの整え方を解説していきます。

入浴時は湯ぶねでリラックス♪

シャワーだけですませず 湯ぶねにつかるのがベストだよ

入浴するときは、シャワーですませず、しっかり湯ぶねにつかってあたたまるようにしよう！　全身があたたまると血のめぐりがよくなるし、１日のつかれがいやされるの。さらに、汗をかくことで毛穴が開くから、体の汚れもしっかり落ちるよ。全身があたたまるよう、10 ～ 15分くらいつかってね☆

バスタイムのポイント

温度設定は ぬるめにしよう

熱すぎるお湯は体の負担になってしまうよ！　38 ～ 40度くらいのぬるめのお湯にゆっくりとつかって、体をあたためよう♪

水分補給も 忘れないで

湯ぶねにつかると、思っている以上に汗が出るよ。お風呂から上がったら水を飲んで、体から出ていった水分を補給しよう！

食後すぐに 入るのはＮＧ！

食事のあとにすぐ入ると、胃に負担がかかってリラックスできないよ。少なくとも 30 分くらい時間をあけてから入るのが GOOD ！

入浴剤を 使うのもいいね♪

お風呂では、ゆっくりくつろぐことが大切♪　お気に入りの入浴剤を入れて、香りを楽しみながらリラックスしよう♡

深呼吸して リラックスしてね

湯ぶねにつかったらラクな姿勢で目をとじ、ゆっくり深呼吸してみよう。深い呼吸はリラックス効果を高める効果があるんだ！

わたしはバスタイムに、1日の楽しかった出来事を思い返すようにしているよ♪

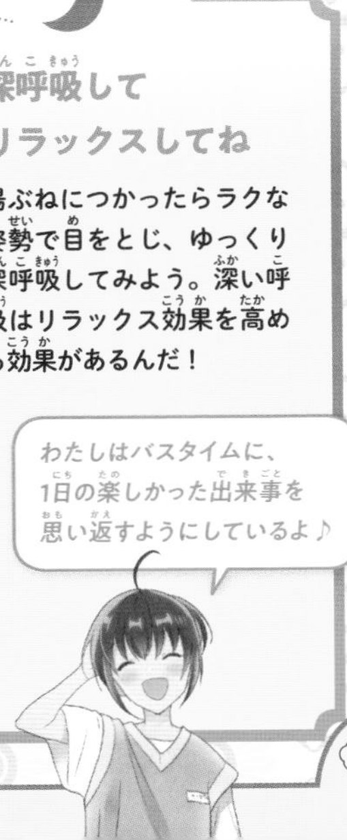

正しいシャンプーをおさらい！

髪の毛がサラサラだと、清潔感のある印象に♪
毎日のバスタイムにきちんと汚れを落として、
キレイな髪をキープしようね！

1 事前に軽くブラッシングしよう

目があらいブラシやコームで髪のもつれをほどこう。手ぐしでもOKだよ！髪が絡まった状態のままシャンプーをしてしまうと、ダメージの原因になるので注意が必要だよ！

2 ぬるま湯で髪全体をぬらしてね

シャンプー前に、髪と頭皮をぬるま湯でぬらすことを「予洗い」というよ。予洗いすることでシャンプーの泡立ちがよくなって、皮脂や汚れが落ちやすくなるんだ♪

3 しっかり泡立てて頭皮を洗おう

シャンプーを泡立てながら、指のはらを使って頭皮全体をまんべんなく洗ってね！　耳の上や髪の生えぎわ、えりあしもしっかり洗ったら、シャンプーが残らないよう念入りにすすごう。

4 コンディショナー（リンス）をなじませて…

軽く水気をきってから、コンディショナー（リンス）をなじませるよ。髪の毛先はいたみやすいから入念に。少し置いたら、毛の流れを整えるようにしながらしっかりすすごう。

5 タオルで水気をとって乾かしてね

タオルで髪をはさみ、両手で包みこみながら水気をとるよ。こすらずやさしくタオルドライしたら、ブラシで軽く毛流れを整えよう。最後にドライヤーをかけて髪を乾かして！

正しいボディケアでうるつや肌に

美肌をつくる洗顔法

洗顔料を泡立てよう

髪がぬれないよう、まとめてから洗顔スタート。顔と手をぬるま湯でぬらし、手のひらに洗顔料をとってね！　フワフワな泡になるまで、しっかりと泡立てて。

ほおから順に洗おう

皮脂の多いほおから、円をかくイメージで洗っていくよ。おでこ、鼻、あご、目のまわりなどは、指のはらで泡を転がすようにして洗うとGOOD！

ぬるま湯ですすごう

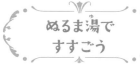

顔全体を洗ったら、ぬるま湯で泡をすすぐよ。泡が残っていると肌トラブルの原因になってしまうので、洗い残しがないよう10回以上はすすいでね！

タオルで水気をふこう

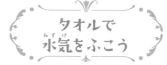

清潔なタオルで顔をおさえるようにして、やさしく水分をふきとるよ。強くこするのは肌への刺激になるのでＮＧ。ふいたあとは保湿（53ページ）も忘れずに！

体を洗うときのポイント

汗をかきやすい場所は念入りに洗おう

体は部位によって、皮脂がたくさん出る場所、皮ふの表面にできる「角質」がたまりやすい場所などがあるよ。汗をかいたり、汚れたりした部分はもちろん、皮脂腺が多い部分はとくにていねいに洗おう。洗顔と同じようにボディソープをしっかり泡立てて、やさしく洗ってね。

汗をかきやすい場所＝汗を分泌する「皮脂腺」が多い場所だよ。ニオイのケアもマナーの一環だから、全身清潔にしておこうね★

胸、わき、背中

汗をかきやすく、皮脂がたまりやすい場所だよ。ニオイの原因を防ぐため、とくに念入りに洗ってね！

かかと、ひじ、ひざ

角質がたまりやすい場所なので、ボディタオルなどを使うのが◎。固い素材のタオルは肌をキズつけてしまうこともあるので注意！

ここに注意！

洗いすぎもダメ！

体を必要以上に洗ったり、こすりすぎたりすると、余分な皮脂だけでなく、必要な皮脂も落としてしまうよ。皮脂がなくなると、肌が乾燥して粉をふいたり、うるおいを取り戻すために余計に皮脂を分泌させたりすることがあるんだ。「適度にやさしく」洗うことがポイントだよ♪

ムダ毛ケア＆保湿も忘れずに

ムダ毛の処理は肌をキズつけないように！

わき毛が生えていたら、カミソリでていねいにそってね。あしやうでの毛は生えていても大丈夫だけど、気になるようならそってもOKだよ♪　ムダ毛処理のあとは肌がデリケートになっているので、保湿も忘れずに。ボディクリームなどをぬると、肌をダメージから守ることができるよ！

カミソリを使うときはくれぐれも安全に気をつけてね！T字になっているカミソリは、比較的安全に使えるみたい。

わきの毛のそり方

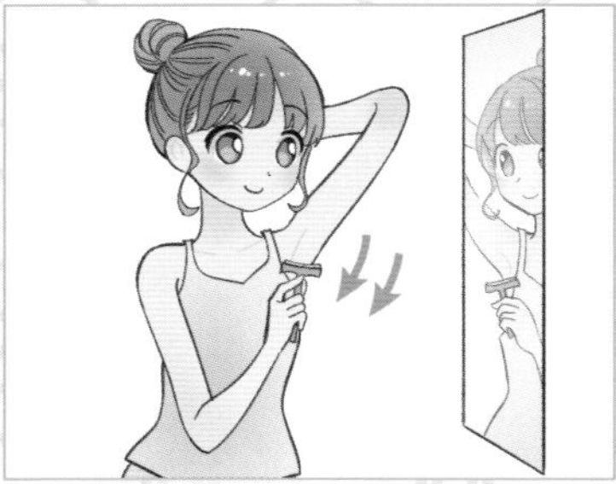

わき全体に専用のクリームをぬり、鏡を見ながら毛の流れている方向に合わせてそっていくよ。最後にクリームを洗い流し、そり残しがないかチェックしてね！

手・足の毛のそり方

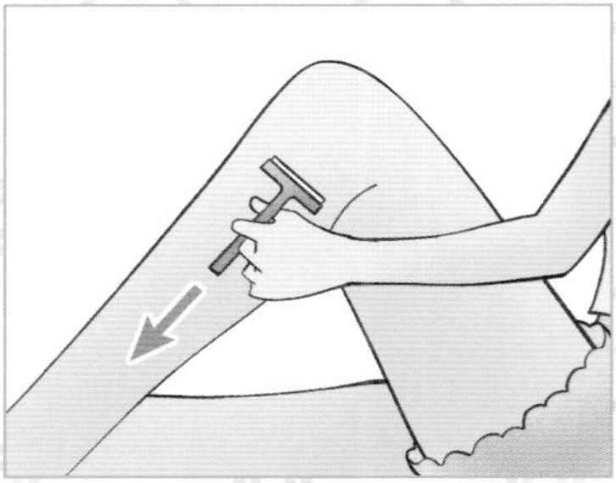

専用のクリームをぬったら、わきと同様、毛の流れにそって上から下へそっていくよ。関節の付近はとくに、カミソリの刃で肌をキズつけないよう気をつけて。

保湿のしかたを覚えよう！

化粧水を手にとって顔&首にぬり広げよう

手のひらに化粧水をとり、ほお→おでこ→鼻→口→目もとの順に、内側から外側へとぬり広げよう。首のつけ根のあたりまでしっかりぬるのを忘れずに。

仕上げに両手でプッシュ！化粧水をなじませるよ

両手で顔をつつみこみ、プッシュして化粧水を浸透させるよ。顔全体がうるおうように、両手でしっかりおさえよう。足りないと思ったところは重ねづけしてもＯＫ♪

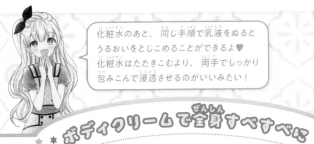

化粧水のあと、同じ手順で乳液をぬるとうるおいをとじこめることができるよ♥
化粧水はたたきこむより、両手でしっかり包みこんで浸透させるのがいいみたい！

ボディクリームで全身すべすべに

お風呂あがりは、顔だけでなく全身乾燥しがち。ボディクリームやボディミルクを使って、なるべく早くうるおいをとじこめてね。とくに、ひじやひざなどは乾燥しやすいポイントなので念入りに。また、ムダ毛ケアのあとも肌が乾燥しやすいので、しっかりうるおいを与えよう！　肌がうるおうと、乾燥によるかゆみの予防にもなるよ。

ネイルケアは清潔感が大切！

1 つめの先を切ろう

つめの白い部分を１ミリほど残し、つめ切りでまっすぐ横に切るよ。深づめにならないよう注意しよう！

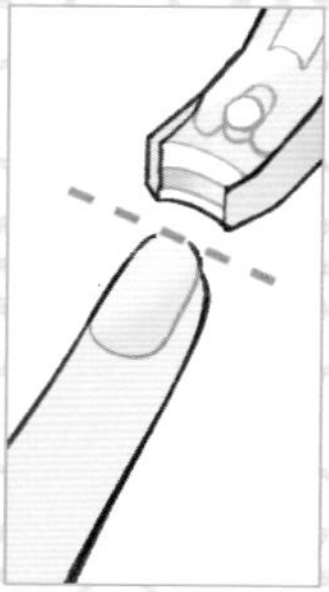

2 つめの角をとろう

左右のとがった部分切って、角をとるよ。つめの左右がとがっていると、服に引っかかったり、人に当たってケガをさせたりしてしまう危険も。

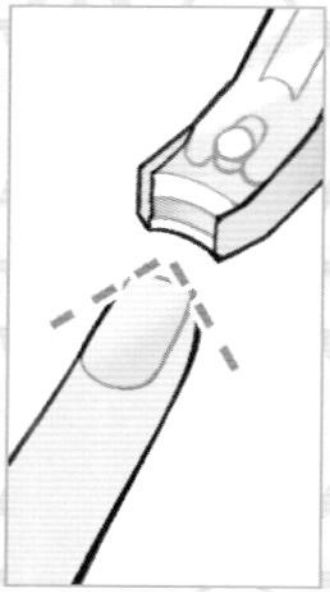

3 やすりで整えよう

切った部分をやすりで整えていくよ。やすりは往復させず、常に同じ方向に動かすようにしてね。やすりはつめ切りのウラについている場合もあるよ！

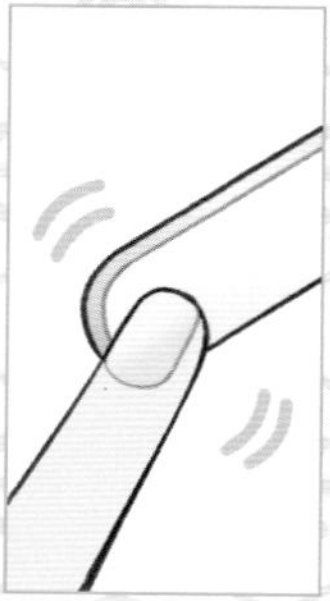

4 最後に保湿しよう

つめの形が整ったら、最後は保湿。ハンドクリームをつめの根もとに少し出して、全体にぬり広げてね！　乾燥はささくれの原因にもなるんだ。

つめみがきで仕上げよう！

やすりでつめを整えたあと、つめみがきでつめの表面をこすると、ツヤツヤした仕上がりになるよ！　つめみがきは100円ショップなどでも購入できるから、チェックしてみて♪

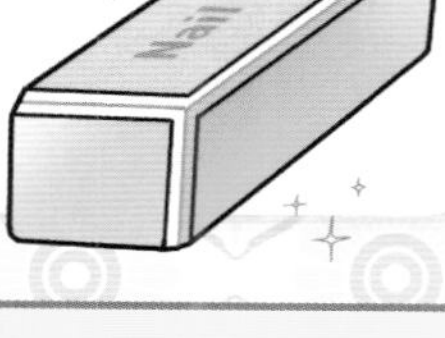

column 特別な日はネイルに挑戦！

お休みの日や特別なイベントの日は、マニキュアを買ってネイルに挑戦するのもいいね♡　ここでは、マネしてみたいネイルアートを紹介しちゃうよ！

夏休みにもぴったりなポップなデザインだよ！
キャンディみたいにかわいい指先で、みんなの視線をひとりじめしちゃおう☆

カラフルな指先でテンションもUP★

パステルカラーのチェックにリボンをあしらった、かわいすぎるデザイン♪
薬指はあえてシンプルにしているのがポイントなの！

チェック×リボンで正統派なガーリーネイル

整理整とんは日ごろから意識！

持ちものは決まった場所にしまおう

身のまわりの整理整とんは、日ごろからつねに意識していることが大切！自分の部屋や机の引き出し、学校のロッカーなど、毎日使う場所はとくに整えておこう。片づけがニガテだという子は、これから解説するSTEP 1～3の流れで整理してみて。使ったものをもとに戻すことを心がけるだけでも、散らからなくなるよ♪

STEP 1 アイテムを分類してみよう

ものをしまう場所は、使う頻度や、気に入っているかそうでないかで決めるよ。まずは下のチャートにそって、持ちものを分類してみよう！

- 使う
  - お気に入り → 取り出しやすい場所、見える場所にしまおう
  - そうでもない → しまう場所を決めておこう
- 使わない
  - お気に入り → 宝ものとしてしまっておこう
  - そうでもない → 思いきって手放してしまおう

STEP 2

しまう場所＆方法を考えよう

次は分類したアイテムをしまう場所と、収納方法を考えるよ。よく使うものは取り出しやすい場所、お気に入りのものは目につく場所、めったに使わないものはクローゼットの奥など、使うときのことを考えて収納してみてね。アイテムごとの収納のコツも教えちゃうから、要チェック☆

ステショ

毎日使うえんぴつやペンなどは、ペン立てに立てておくか、トレイなどを使って引き出しに収納しよう。引き出しにしまう場合は、トレイに仕切りをつくって何をどこに入れるか決めておくと、見た目もすっきりして気持ちいいよ♪

ファッションアイテム

洋服はタンスやクローゼットに、バッグや帽子などのアイテムはフックに引っかけたり、棚の上に並べたりして収納するよ。季節ごとに衣類を入れかえる衣替え（66ページ）をして、タンスやクローゼットがパンパンにならないようにしよう♪

学校で使うもの

教科書類やノートは机や本棚に立てて収納するのが◎。絵の具セットやリコーダーなど、学校で使うアイテムは１か所にまとめておくとわかりやすいよ。また、古い教科書などのあまり使わないものは、思い出の品としてしまっておこう。

ぬいぐるみなど

とくに気に入っているぬいぐるみは、飾ってインテリアにしてもＯＫ。まとめて収納する場合は、カゴに入れておいたり、衣装ケースで保管したりするよ。長期間しまっておく場合は、防虫剤を入れて虫食いを防止するのも忘れないで！

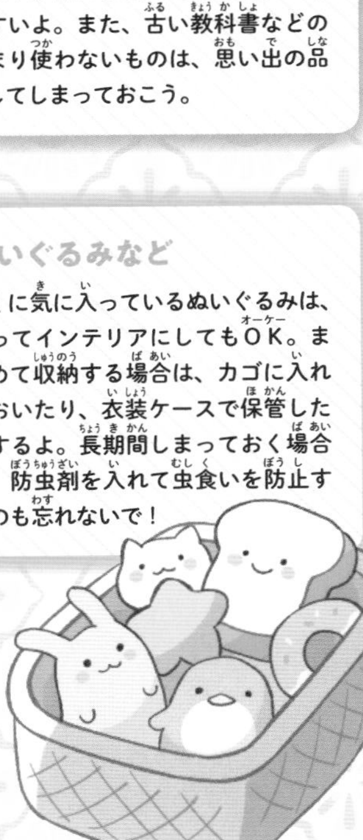

STEP 3

整理された状態をキープしよう

アイテムの「分類」&「収納」でお部屋がすっきり片づいたら、その状態をキープできるように努めよう。そのためには、どこに何がしまってあるかを覚えておいて、使ったあとにきちんとその場所に戻すことが大切だよ。箱やケースに収納してある場合は、中身をラベリングしよう！

これで完ぺき！

ラベリングアイデアをチェック！

写真でラベリング

シーズンオフの靴や、おもちゃなどの収納におすすめ。文字で説明しにくいものは、写真を撮って貼っておけば一目でわかるね♪

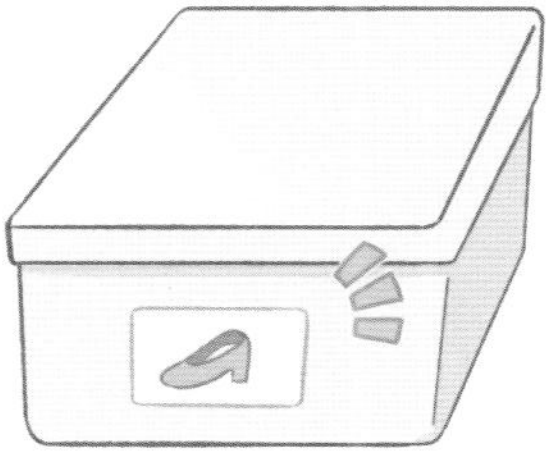

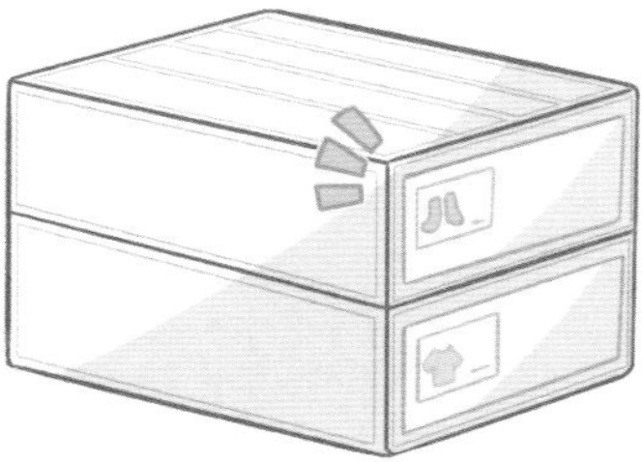

イラストでラベリング

見た目もかわいらしい印象になるから、目につきやすい場所におすすめのラベリング方法だよ。ラベリング用のシールなどを使ってもOK！

文字でラベリング

コンセントのコードなど、目立たせたくない場所、コンパクトにまとめたい場所などにおすすめ。見た目もすっきり、おしゃれな印象になるよ。

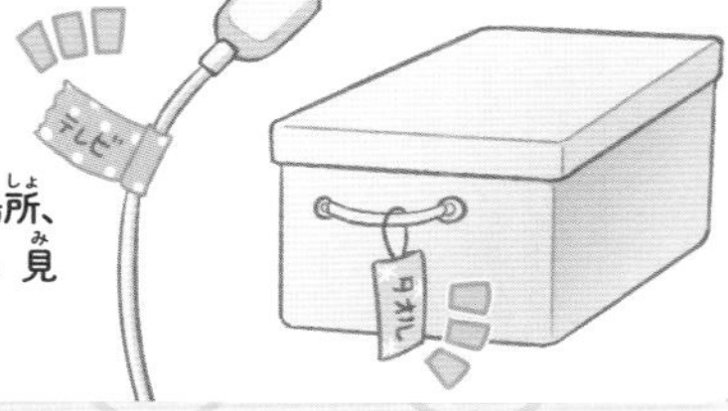

プリンセスタイプ別 片づけのコツをチェック♪

6ページからの診断でみちびき出したプリンセスタイプ別に、片づけのコツを紹介！　自分に合った片づけ方法をチェックしてね☆

ラプンツェルタイプは…

時間を決めてコツコツ片づけよう

何ごともコツコツ進めるタイプのあなたは、片づけも習慣にしてしまうのが◎。毎日10分は片づけにあてたり、「○曜日は掃除の日」などと決めておくと、習慣が身につきそう♪

シンデレラタイプは…

置き方にもこだわってみよう

整理整とんが得意な子が多いシンデレラタイプの子は、収納方法を工夫してみるといいかも。左ページで紹介したラベリングなどをためしてみると、片づけがもっと楽しくなりそう。

白雪姫タイプは…

思い立ったら一気に片づけよう

一度片づけモードになると驚くほどの集中力を発揮できちゃうあなた。思い立ったタイミングで一気に片づけしてしまうといいよ。1日かけてすみずみまで整理整とんしよう！

ベルタイプは…

自分ルールをつくってみよう

こだわりが強いベルタイプの子は、収納にもルールをつくるのがよさそう。たとえば、引き出しを仕切って文房具の置き場所をつくるとか。自分なりのルールで楽しく片づけて☆

ねむり姫タイプは…

見せる収納に挑戦してみよう

センス抜群のねむり姫タイプの子は、あえて見せる収納にチャレンジしてみるのも◎。ファッションアイテムや小物など、お気に入りのものをお店風にディスプレイしてみよう♪

自分の得意なことをいかして、お片づけもがんばろう！

マネしてみたい！

ハッピールームカタログ

すっきり片づいている上に見た目もかわいい♡　そんなお部屋のレイアウトを紹介するよ！　お部屋づくりの参考にしてみてね。

お気に入りの雑貨やちょっとした植物は、棚にディスプレイ♪
バッグは床に直接置かず、カゴや衣装ケースで保管！
お気に入りのラグは粘着ローラーでこまめにコロコロして、いつも清潔に★
わぁ～！　かわいい♥　こんなお部屋、憧れちゃうな！

教科書やドリル、本などは、背のタイトルが見えるように立てて収納するのが◎。
思い出の写真や、好きなアイドルの写真をスクラップしたコルクボード♥
ベッドの横の棚には目覚まし時計をセット。朝は自分で起きるようにしてね！
あまり使わない古い教科書などは、下の引き出しにしまってあるよ！
朝起きたらかけ布団のしわを伸ばしてベッドメイク♪

洋服のたたみ方を覚えよう

洗濯したお洋服は、シワにならないように収納するよ！ トップスやパンツ、下着のたたみ方を紹介するから、覚えて実践してみてね★

トップスのたたみ方 1

服の真ん中で半分に折り、左右のそでを合わせよう。

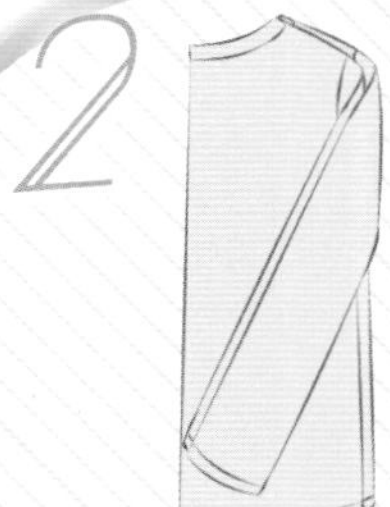

両そでをいっしょに内側に折るよ！

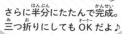

さらに半分にたたんで完成。
三つ折りにしても OK だよ♪

トップスのたたみ方 2

1

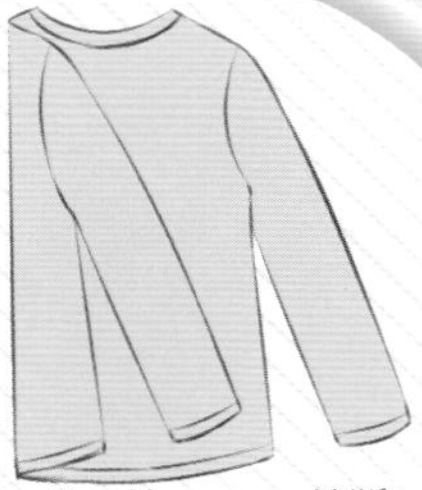

背中の面を上にして、肩幅の半分くらいでそでを内側に折ろう。

2

長そでの場合は、上のイラストのように折り返して。

3

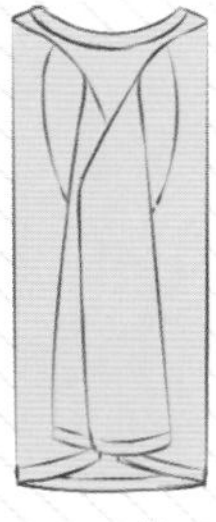

反対側のそでも同じように♪

4

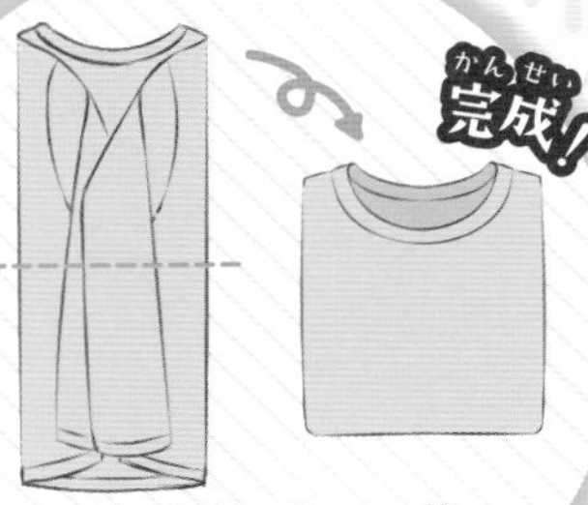

真ん中で半分に折って、表面を上にしたら完成だよ☆

3の状態から三つ折りにしてもOKです。
立てて収納するのに便利ですよ！

パンツのたたみ方

1

おしりの面が外側にくるように半分に折り、イラストのような状態に。

2

おしりの出っぱり部分を内側に折るよ♪

まるめる場合は…

ウエストの方からくるくると巻いてロール状にしよう。

3

完成！

二つ折りか、三つ折りにして完成だよ！

パンツは引き出しに立てて収納するのがおすすめだよ♪
引き出しの深さに合わせて、二つ折りにするか三つ折りにするか決めるのがよさそう♥

ショーツのたたみ方

1 左右をそれぞれ半分に折ろう。

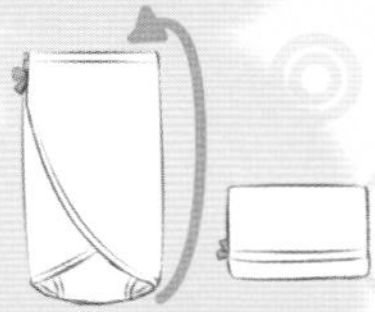

2 下 2/3 くらいのところで折り上げて、ウエストのゴムにはさむよ！

ブラのたたみ方

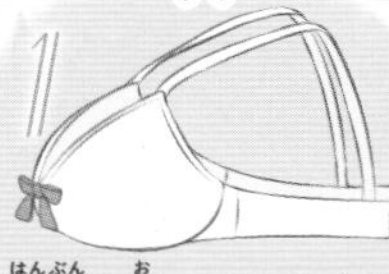

1 半分に折ってカップのふくらみをそろえよう。

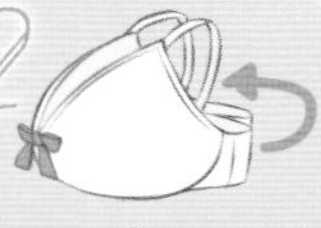

2 ストラップとベルトを、カップの中にしまいこんでね♪

靴下のたたみ方

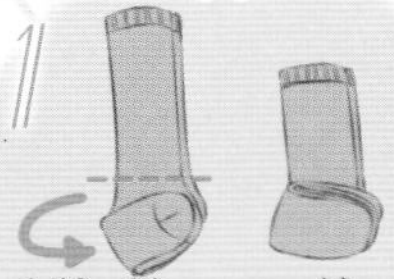

1 左右を重ね、つま先をかかとの方へ折ってから足首あたりで折るよ。

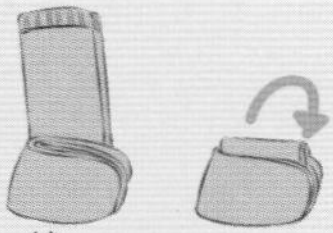

2 はき口を、かかととつま先の間にはさもう！

ブラのお手入れをしよう！

ブラをいためにくいお手入れの方法を紹介するからチェックしてね！

洗い方

手で洗うときは…

洗面器に水、洗剤、ブラを入れ、水中で振って汚れを落とそう。汚れがひどい部分は指でつまむように洗うと◎。よくすすいだあと、タオルで水気をとって。

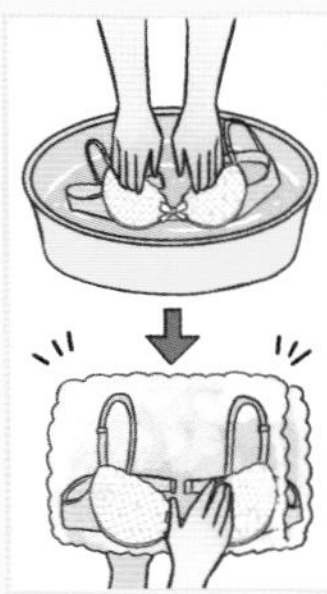

洗濯機で洗うときは…

ホックをとめ、必ずネットに入れて洗ってね！ ソフト洗いコースがおすすめだよ♪

干し方

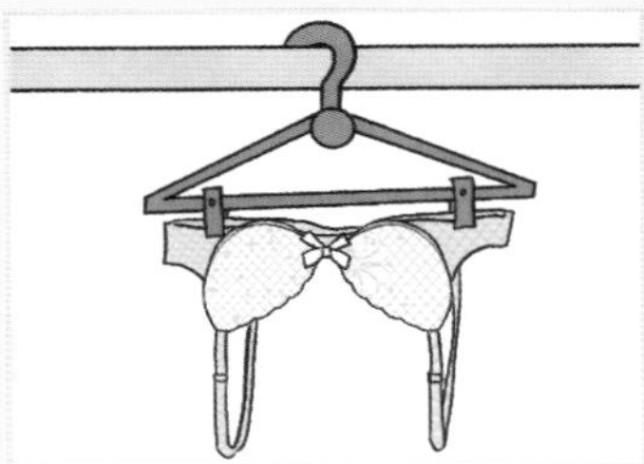

洗い終わったブラはすぐに形を整え、イラストのように逆さに吊るして干すよ。直射日光に当たるといたみやすくなってしまうので、風通しのよい日かげに干して乾かすのが長もちさせるコツだよ！

column

衣替えをしよう

季節の変わり目に洋服を入れ替えることを「衣替え」というよ！　衣替えは、お洋服の整理＆見直しをするにもぴったり。おうちの人に相談しながら衣替えしよう☆

その1 着たい服だけをチョイスしよう

しまっていた服の中から、次のシーズンに着たい服だけを選んでクローゼットやタンスに加えよう。サイズを先取りして買った服やお下がりでもらった服など、まだ着ないものはそのまましまっておいて。

その2 保管する服と処分する服を分けよう

オフシーズンの服は、来年も着そうな服だけを保管。お下がりとしてだれかに着てもらえそうな服や、着られなくてもとっておきたい服は別の場所に保管し、不要な服はいさぎよく処分してしまおう！

オフシーズンアイテムをしまうときは…

しまう前に必ず汚れを落としてね

汚れがついたまま保管すると、シミや虫食いの原因になってしまうよ！　シーズンオフの服をしまうときは、キレイに洗濯をしよう☆ おうちで洗濯できない服は、クリーニングを利用するのもいいね！

洗濯できない帽子は、ブラシでホコリをとるだけでもOKです。

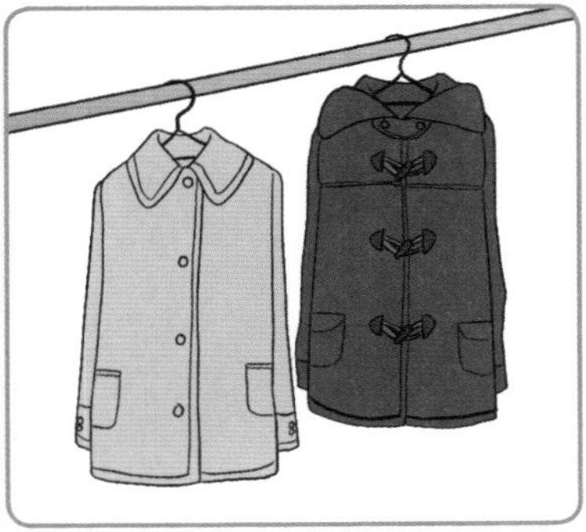

カビを防ぐためしっかり乾燥させよう

じゅうぶん乾燥していない状態でしまうと、カビの原因になることも。洗濯をした服はもちろん、クリーニングから戻ったコートなども、一度風通しのよい場所にかけて乾かしてね！しまうときに、除湿剤を利用するのもおすすめだよ。

ホコリや虫がつかないようにしまってね

コートやワンピースなど、つるして保管するものは、ホコリよけに専用のカバーをかけよう！クリーニングのビニールのカバーは、長期保存には向かないよ。衣装ケースで保管するものは、防虫剤をいっしょに入れておくと虫食い対策に効果的。

約束4

自分の安全を守ろう

おうちの中にも じつは危険がいっぱい！

毎日をすごすおうちの中にも、じつは危険なことはたくさん潜んでいるよ！たとえばお料理を手伝っている最中に包丁でケガをしてしまったり、子どもだけで遊んでいる間に災害が起きてしまったり。そうした危険な出来事から身を守るために、まずはおうちで起こりうる危ないケースを知っておこう！

こんな危険に注意しよう

事故・ケガ

調理器具やヒーター、アイロンなどによるやけどや火事、お風呂ですべって転ぶなど、意外と室内でのケガや事故は多いもの。刃ものや熱いものを使うときはとくに注意しよう。おうちの中だからといって油断は禁物なんだ。

犯罪

ひとりでお留守番をしているときをねらって、悪い人が訪ねてくるかもしれないよ。また、自転車などはきちんとカギをかけておかないと盗まれてしまうかも。電話やインターネットでの詐欺などにも注意が必要だよ！

災害

地震や大雨などの自然災害にあってしまう可能性もあるよ。未然に防ぐことはできなくても、いざというときにどういう行動をするべきかを知っておくのは大切なこと。あらかじめおうちの人と話し合っておこうね！

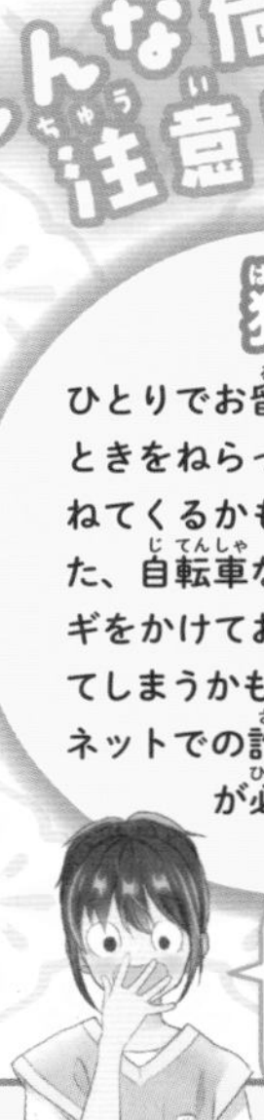

家にだれもいないときに、こうしたトラブルに巻きこまれたらどうしよう…！

危険を回避するポイント

事故・ケガは…

日ごろから意識して注意するのがいちばん。ものが散らかっていると思わぬ事故の原因になることも多いから、お部屋の片づけや整理整とんを心がけよう！　火や刃ものを使うときは、ひとつの行動に集中して目をはなさないようにしてね！

災害は…

もしものときに備えておくことが大切。非常用の持ち出し袋を用意したり、家族がはなればなれになってしまったときの集合場所を決めておいたりすることも大切だよ。いざというときに冷静に行動できるよう、自然災害についても勉強しておこう。

犯罪は…

おうちの人がいないときはとくに、戸じまりを徹底しよう。また、自分の名前が書かれたものを外に置いたり、おうちのカギをポストなどに入れておいたりするのはやめてね。お留守番のときの注意点は、次のページでくわしく紹介するよ！

普段から意識しているだけで、危険から身を守れる可能性がぐっと高まります。

防犯を意識してみよう

戸じまりができているかしっかり確認！

防犯対策として、最初にしたいのが家中の戸じまり。玄関はもちろん、窓や裏口のカギがかかっているかをよく確認をしてね。２階から不審者が入ってくるケースもあるから、上の階だから大丈夫だと油断しないで！

家に帰ってきたら…

たとえおうちの人がいなくても「ただいま！」と、大きな声であいさつして。万が一あやしい人がついて来ていたときに、家に大人がいないとさとられると危険だよ！

ただいまー っ！
カサや学校の植木鉢など、自分の名前が書いてあるものを外に置いていないかチェックしてね！
ランドセルにカギをつけておいたり、手に持って歩くのはやめよう。

留守番のときは…

ピンポーン
RRRR
電話はあらかじめ、留守番電話に設定しておこう。

宅配便などをよそおって、あやしい人が訪ねて来るかも。自分ひとりだけのときは、インターホンが鳴っても出なくてOK！

こんなときどうする？

お留守番の最中によくあるシチュエーションと、その対処法を紹介するよ！

Q 近所の人がたずねて来たら？

A 知っている人がたずねて来たとき、無視をするのは気まずいよね。そんなときは、モニターごしに「母は○時に帰ってくるので、それ以降に来てください」と言うのがいいかも。こんなときどんな対応をしたらいいかは、事前におうちの人と話し合っておこう。

Q つい電話に出てしまったら？

A つい知らない人の電話に出てしまったときでも、おうちの人はいないと言うのはNG。「母は今手がはなせません」などと言って、子どもだけで家にいることを知られないようにしてね！

Q 暑い日は窓を開けていい？

A 防犯的にはNG。不審者はどこから入ってくるかわからないから、お留守番中は窓をすべて閉めておくのが安心だよ。真夏の暑い時期はエアコンで温度調節をしよう！

ネットのルール＆マナーをチェック！

スマホの使用はルールを守ってね！

おうちの人や友だちとの通話はもちろん、インターネットやゲーム、動画を見たりできるスマホはとっても便利なアイテム。だけど、スマホを使うときにもマナーを意識できているかな？ 使い方を一歩まちがえると、ほかの人に迷惑をかけたり、犯罪に巻きこまれたりする可能性もあるのがスマホのこわいところ。使用の前に、守るべきマナーを確認しておこう！

ネット用語プチ辞典

ネットを使うときによく耳にする言葉の意味を解説するよ☆

SNS

ネット上で交流ができるサービスのこと。メッセージに特化したもの、写真投稿に特化したものなどいろいろあるよ。

拡散

記事や発言、宣伝文などをほかの人に広めることを「拡散する」というよ。ＳＮＳで使われることが多い言葉。

アプリ

スマホにダウンロードして使うソフトのこと。ゲームができるもの、画像加工できるものなど、種類はいろいろ！

アカウント

ネット上のサービスを利用するときの会員情報のようなもの。ＩＤとパスワードがセットになっていることが多いよ。

アップロード

写真や記事などをネット上で公開することを、アップロードというよ。「写真をアップする」と略すことも☆

ダウンロード

アップロードとは反対に、ネット上の写真や音楽などを自分のスマホに保存すること。違法なものは保存しないように。

スマホを使うときの7つのマナー

1 時間を守って使う

「ゲームや動画は１時間」や「21時以降はおうちの人に預ける」などのように、１日の使用時間はあらかじめおうちの人と相談しておこう。夜遅くまでスマホを使っていると、目が悪くなったり、睡眠不足で肌がボロボロになったりすることもあるから注意して！

スマホの画面から発せられるブルーライトは、目を疲れさせてしまうんです。

2 ほかの人といるときに使わない

家族で食事をしているときや、友だちといっしょに遊んでいるときなど、だれかとすごしている最中にスマホを操作するのはマナー違反。「わたしといっしょにいるのに楽しくないのかな？」と、相手に悲しい思いをさせてしまうよ。

やむを得ないときは… 一言断るのがマナーだよ♪

急な電話や、どうしてもすぐに返事をしなくてはならないときなど、やむを得ない事情があるときは相手に一言断ろう。「ちょっとごめんね」とか「この返事だけ打たせて」と伝えられるとGOOD！

こんな写真もNGだよ！

- マンガや雑誌のページ
- アニメや映画のシーン
- 芸能人の写真や画像
- サイトなどのスクリーンショット
- 知らない人が映りこんだ風景写真

3 許可なく写真をアップしない

写真を投稿できるSNSやアプリなどもたくさんあるけど、写っている人の許可なく投稿するのはNG。その人の「肖像権」を侵害することになってしまうよ！　写真を投稿する前に写っている子に投稿してもいいか確認してね♪

4 公共の場所では音の出ない設定に

映画館や図書館などの静かな場所はもちろん、バスや電車、お店の中やレストランなど、ほかの人も利用する場所では音の出ない設定にしておこう。ゲームをしたり、音楽を流したりするのもＮＧ！

5 歩きながら使わない

歩きながらスマホを使う「歩きスマホ」はとても危険だよ。スマホ画面を見ながら歩いていると、車が来ていることに気がつかなかったり、人にぶつかってしまったりするかも！　移動中にスマホを使うときは、安全な場所へ移動し、立ち止まってから操作してね。

6 メッセージは相手のことを考えて送る

メールやメッセージアプリはとても便利だけど、相手の表情が見えない分、いつもの会話以上に発言に気をつかわなくてはいけないよ。文章がきつくなっていないか、汚い言葉づかいをしていないか、返事に困るような内容になっていないかは最低限確認しよう。また、夜遅い時間はさけるなど、送信する時間帯にも注意できるとよりGOOD！

一言だけのそっけないメッセージには、なんて返したらいいか困っちゃうよね。

7 個人が特定できる情報を公開しない

その人個人を特定できるような情報を「個人情報」というよ。自分の本名や住所などの個人情報を公開するのはぜったいにやめて。名前を公開しなくても、住んでいる県や学校の体操着、クラブや習いごとなどの情報から個人を特定されちゃう可能性もあるから注意が必要。また、ネット上で知り合った人に自分のことを教えるのも危険だからやめようね。

こんな情報も危ないよ！

- 最寄り駅や路線の名前
- 通学路の風景やランドマーク
- おうちの人の勤め先
- よく行くお店の名前
- 近所のレストランのメニュー

column

おうちルールを決めよう

おうちの人に任されているお手伝いや、いっしょに決めた約束ごとなど、みんなのおうちのルールを記入しておこう！　決めたことは責任をもってはたそうね♪

毎日のお手伝い

特別なお手伝い

門限（家に帰る時間）

そのほかの決まりごと

~ Lesson 2 ~

友だちみんなに愛される♡

学校生活のマナー

あっ、 モモカおはよー！
今日の調理実習楽しみだね♪

カリンおはよう～！
（今日のカリン、元気にあいさつしてくれて
なんだかステキだなっ♥）

カリンさま
学校の勉強は
順調ですか？
ニッ
…順調だよ？
ギクッ
ニー
ノート拝見
いたしますよ
ザッ
わあああ
ダメっ!!!

ぐ…
ぐちゃぐちゃだ
ところどころ落書(らくが)きまで…
授業(じゅぎょう)にのぞむ姿勢(しせい)から見直(みなお)す必要(ひつよう)がありますね！

学校生活では 思いやりのある行動を

友だちや先生、地域の人など、たくさんの人と関わる学校生活。周囲の人に対して思いやりの気持ちをもつことで、お互いに心地よく生活できるんだ♪

たくさんの人が集まる場所だからこそ、マナーが大切！

学校へ行くと、友だちや先生など、たくさんの人が集まっているよね♪　だからこそ、一人ひとりがマナーやルールを守ることがとても大切なんだ。自分にとっては小さなマナー違反でも、それがたくさんの人の迷惑になってしまうことも少なくないよ。自分だけでなく、まわりの人みんなが気持ちよく学校生活を送れるように、相手を思いやる気持ちをもつことを忘れないでね！

心がけたい3つの約束

約束1 授業に真剣に取り組む

授業中は勉強に集中する時間。おしゃべりや、授業に関係ないことをしていると、自分の勉強がおろそかになるだけじゃなく、ほかの人の迷惑になってしまうよ。

約束2 人との関わりを大切に

学校では、周囲の人と積極的にコミュニケーションをとるようにしよう！　友だちの輪が広がれば、新しい発見や経験も増えるはず♡　まずはあいさつから始めてみて！

約束3 イベントはみんなで盛り上げる

運動会や修学旅行など、学校行事やイベントは、みんなで協力すればもっと楽しくなっちゃいそう♪　積極的にイベントに参加して、ステキな思い出をつくってね♡

愛されガールの学校生活をチェック！

Start!

8:00 登校

朝食をしっかり食べたら、時間に余裕をもって登校！ 登校中は、友だちや地域の人などに積極的にあいさつするよ。朝の休み時間に体を動かすのもGOOD！

8:45 授業開始

授業開始前には席について、授業の準備をしておこう♪ 前回までの授業のおさらいのために、教科書を読んで待つのも◎（くわしくは82ページ）。

12:15 給食＆昼休み

給食の時間は、まわりの子と楽しくトーク！ ただし、おしゃべりに夢中になりすぎず、食事マナー（30ページ）もしっかり意識してね☆

13:10 掃除

グループの子と協力して掃除をするよ。快適なスクールライフのために、自分たちが使う校舎はピカピカに♪

13:30 授業

午後の授業は眠くなりがちだけど、集中してのぞんでね！ 積極的に発言するとさらに好感度もUPしそう☆

15:30 下校

下校時間がすぎたら、安全に気をつけてまっすぐ家へ帰ろう。おうちの人に無断で寄り道するのはNGだよ。

Finish!

これぞ完ぺきな学校生活！
時間割は学校によってちがうけど、
こんなふうに1日をすごせるとステキだよね♪

約束1

授業に真剣にのぞもう

授業の内容に興味をもって取り組もう

学校の授業は、大人になってから必要になることの基礎を学ぶ大切な時間。たとえニガテな授業でも、先生の話を真剣に聞くようにしてね。つまらないからとよそ見をしたり、友だちとおしゃべりしたりしていると、まわりの人にも迷惑がかかるし、ますます授業についていけなくなっちゃうよ。わからないことは早めに質問して、わからないままにしないことが大切なんだ♪

わからないことを聞くのは、恥ずかしいことじゃないんだよ♪

授業の前にこれをチェック!

□ 授業に必要ないもの、関係ないものはしまう

授業に関係ない本やポーチなど、その教科に必要のないものは授業の前に片づけてね。また、室内で必要ない帽子をかぶったまま授業を受けるのもマナー違反!

□ 教科書やノート、課題などを準備しておく

教科書やノート、課題などは、あらかじめ机の上に用意しておこう! 休み時間のうちに用意をすれば、万が一忘れものがあったときも早めに対処できるよ。

□ 授業開始前には席について待つ

教室の移動やトイレなどは早めにすませ、チャイムが鳴る前までには席に座っていようね。直前にあわてて行動するのは、美しいふるまいからほど遠いよ!

授業中はこれを意識しよう

この4つを気にかけると、先生にもほめられちゃうかも！

話している人の方に意識を向ける

先生が話しているときは先生の方、だれかが発言しているときはその子に意識を向けて、内容にしっかり耳を傾けてね。話す人も、聞いてもらえているとわかるとうれしいはず！

正しい姿勢で授業を受ける

背筋を伸ばし、まっすぐ前を向いて授業を受けよう♪　ひじをついたり、イスの背もたれにもたれかかったりするとだらしなく見えてしまうよ。

質問や発言をしてみる

わからないことがあったときは、そのままにせず先生に質問してみて。また、先生が何かをたずねてきたときは積極的に自分の意見を言えるようになるとGOOD☆

必要なことはメモを取る

先生が黒板に書いたことはもちろん、それ以外にも必要だと思ったこと、あとで調べてみたいことなどはメモをしておこう。ノートにメモ欄をつくっておくと便利だよ♪

シーン別！身だしなみをチェックしよう！

学校でのシーンごとに、ふさわしい身だしなみをおさらい！　どんなシーンでも、清潔なものを身につけることが身だしなみの基本だよ♪

前髪をすっきり流して視界も良好◎

授業中

大きなおだんごヘアやハデなアクセはひかえてね

授業に集中するため、前髪をピンでとめてすっきりと。大きなおだんごヘアや高さのあるヘアアクセは、後ろの席の子の視界をさえぎってしまう可能性があるのでひかえよう。もちろん、授業に必要ないアクセサリーをつけるのもNG！

清潔感あふれる白いユニフォーム☆

給食

給食着orエプロンを着用し髪の毛は帽子にIN!

給食にホコリが入ったり、私服が汚れたりするのを防ぐために着るのが給食着。髪はなるべく帽子の中に入れて、髪の毛が落ちないようにしてね。ツバが飛ぶのを防ぐため、マスクの着用も必須！　使ったあとはきちんとたたんで清潔に保管しよう♪

図工

ゆるめのみつあみで
気分はまんが家!?

汚れてもOKな動きやすい服装で♪

図工や理科の実験がある日は、汚れても大丈夫な動きやすい服装を心がけよう！　髪に絵の具がついたりしないように、長い子はしばっておく方がいいかも。授業で手などが汚れた場合はそのままにせず、休み時間のうちにキレイに洗い流しておこうね☆

体育

ジャマにならない
ヘアスタイルが◎

指定の体操着を着てシャツはしっかりしまうよ

体育の授業は学校指定の体操着で受けるよ。授業に遅れないよう、着替えはテキパキとすませよう！　シャツのすそを出しているとだらしなく見えちゃうから、パンツにきちんとＩＮしてね。髪はひとつにまとめるなど、動きやすいヘアアレがＧＯＯＤ！

汗のケアも忘れずに

汗をそのままにしていると、ニオイの原因になってしまうよ！体育で汗をかいたら、きちんとタオルでふいてね。汗ふきシートや制汗スプレーを使ってもＯＫ。ただし、スプレーなどは禁止されている学校もあるから、きちんとルールを確認しよう。

Happy technique

ハッピーテクニック 2

読みやすいノートの取り方

学校の授業のノートは見やすくまとまっているかな？　ここでは、今よりもっとキレイなノートがつくれるポイントを紹介するよ☆

基本はていねいな字で！日付やタイトルもメモしよう

ノートは授業の復習に使うもの。見返したときに何が書いてあるかわからないと意味がないよ。そのため、読みやすい字で書くというのは基本中の基本！　復習のときにわかりやすいよう、授業の日の日付や、教科書のタイトルも記入しておくと、より勉強がはかどりそう♪

授業のタイトルは、先生が黒板のいちばん上に書いてくれることが多いよー！

ペンやマーカーを使って重要なところを目立たせる！

あいうえお

あいうえお

あいうえお

先生がチョークの色を変えたところや、線を引いたところはとくに重要なポイント。ノートも目立つようにしておこう！　ペンで波線を引いたり、四角く囲んだり、マーカーでなぞったりするのがおすすめ。見出しは文字色を変えるなど、自分なりのルールをつくっておくと◎。

教科書に線を引いておけば大丈夫だと思っていたから、ノートにはついラクガキしちゃってた…（汗）

教科書や資料集のページ数も書いておこう

授業を受けているとき、教科書の何ページを開いていたかや、どの資料集を参考にしたかなど、ノートにその都度メモをするクセをつけよう。テストの前など、復習するときに役立つよ♪　教科書とは別にプリントなどの資料が配られたら、ノートに貼っておいてもいいね！

授業に関係ない内容は書かないよ

ニガテな授業のときは、つい別のことをしたくなっちゃう気持ちもわかるけど、授業に関係のないイラストを描いたりするのはぜったいダメ！　ほかのことをしているとますます授業についていけなくなるし、中にはノートをチェックして、授業態度を評価する先生もいるよ！

メモのコーナーをつくっておくと便利！

ノートには、メモのコーナーをつくっておくととっても便利。あとで先生に聞いてみたいことやくわしく調べてみたいこと、黒板には書かれなかったけど面白かった豆知識などをメモしておこう★　宿題や次の授業のときの持ちものをメモしておけば、忘れずにすみそう！

約束2

まわりの人との関わりを大切に

学校生活を楽しくするにはまわりの人との関わりが不可欠！

学校生活では、周囲の人とのコミュニケーションが欠かせないよ！　友だちや先生との関わり合いを大切にすれば、学校生活がもっと楽しくなることまちがいなし♪　正しい言葉づかいや公共のマナーなど、たくさんの人との生活の中で意識したいポイントを学んでいこう！　まずはコミュニケーションの基本になる、3つの言葉をチェック！

コミュニケーションの基本になる言葉

「こんにちは」

あいさつをされてイヤな気分になる人はいないはず♡　会話のきっかけにもなる魔法の言葉だよ！　あまり話したことのない子にも、笑顔であいさつをしてみよう♪

「ありがとう」

ものを借りたときや、何かを手伝ってもらったとき、すぐにお礼の言葉を言えるといいね。言葉にして伝えてもらうと、言われた子はとてもうれしい気持ちになるよ！

「ごめんね」

たとえ悪気がなかったとしても、相手に悲しい思いをさせてしまったときはすぐに謝罪の言葉を！　謝るのは、早ければ早いほど真剣な気持ちが伝わるよ。

あいさつは明るく元気よく

気持ちのいいあいさつで1日をさわやかにスタート

1日のはじまりのコミュニケーションがあいさつ。小さな声でボソッとあいさつするのでは「元気がないのかな？」と思われてしまうかもしれないよ。一方、明るくさわやかなあいさつは、された方もうれしい気持ちになるはず。相手をハッピーにできるくらい、笑顔いっぱいのあいさつを心がけて☆

元気にあいさつをしている子のまわりには、不思議と人が集まってくるんだよね！

応用編

外国語の「ありがとう」を知ろう

「ありがとう」で感謝の気持ちを伝えるのは各国共通。外国語でも言えるようになると、かっこいいよ！

サンキュー **Thank you** （英語）	メルシー **Merci** （フランス語）	グラスィアス **Gracias** （スペイン語）	シエシエ **谢谢** （中国語）
スパシーバ **Спасибо** （ロシア語）	グラッツィエ **Grazie** （イタリア語）	カムサハムニダ **감사합니다** （韓国語）	オブリガーダ **Obrigada** （ポルトガル語）

ふさわしい言葉を使おう

時と場合に応じて言葉を使い分けてね！

先生や年上の人と話すとき、ふさわしい言葉づかいができているかな？　もしも、友だち同士で話すようなタメ口や、ハヤリ言葉を使っているなら、それはＮＧ。タメ口は、目上の人に対して失礼な印象を与えてしまうよ。相手やシーンに応じてふさわしい言葉づかいができるように、敬語の使い方を勉強しよう！

友だち

ハヤリ言葉はほどほどに

友だち同士では、ハヤリ言葉で盛り上がることも多いよね。みんなが意味を知っているならＯＫだけど、会話に入れず困ってしまう人がいるかもしれないから、ほどほどにしておこう。

先生

きちんとした敬語で話そう

先生や地域の人、周囲の大人など、目上の人に対する言葉づかいとしてふさわしいのは敬語。敬語についてくわしくは、次のページを見てね！

先ぱい

親しい先ぱいにも礼儀は忘れずに

タメ口でもOKなくらい仲よしな先ぱいにも、最低限の礼儀は忘れずに。あいさつをすることはもちろん、時と場面に応じて敬語を使うなど、尊敬の気持ちを忘れずに表現しよう。

中学生になったら、仲よしな先ぱいにも敬語を使うことが多いんだって♪

正しい敬語をマスター！

敬語って？

目上の人やお世話になっている人に対して、尊敬の気持ちを表す言葉づかいのこと。敬語には、「丁寧語」「尊敬語」「謙譲語」の３つがあるよ。敬語を正しく使えるようになると、「しっかりした子だな」と思われて、まわりの大人からの信頼度もUPしそう！

丁寧語、尊敬語の2つはとくに、小学生のうちにマスターできるといいですね。

丁寧語

その名の通り、言葉をていねいに言いかえたもの。語尾に「です」や「ます」をつけたり、「お洋服」などのように、言葉の頭に「お」や「ご」をつけたりするよ。丁寧語を使うだけで、会話が上品な印象に♡

尊敬語

相手の動作などに対して、敬意を示す言葉づかい。「食べる」を「召し上がる」と言ったり、「来る」を「いらっしゃる」と言ったりするよ。目上の人の行為は、尊敬語を使って表現するのが基本なんだ。

謙譲語

自分の動作をへりくだった言い方。「言う」は「申す」、「食べる」は「いただく」、「見る」は「拝見する」などと言いかえるよ。自分を低いところにおいた表現をすることで相手を立てるという、日本語ならではの文化なの♪

やってみよう！

先生に敬語を使ってみよう

先生おはよー！
昨日の理科の宿題、全然わからないから
教えてほしいんだけど……。
昼休みは職員室にいる？ 行ってもいいかな？

これを敬語を使って言いかえると…

先生、おはようございます。
昨日の理科の宿題でわからないところがあります。
教えていただきたいのですが、お昼休みは職員室にいらっしゃいますか？
うかがってもよろしいでしょうか？

尊敬語の言いかえをチェック！

「言う」→「おっしゃる」　「見る」→「ご覧になる」

「読む」→「お読みになる」　「する」→「なさる」

「食べる」→「召し上がる」　「話す」→「お話しになる」

「くれる」→「くださる」　「尋ねる」→「お尋ねになる」

column

職員室への入り方

1 ノックは3回が基本

入室の前に、ドアを3回ノックしよう。ノックのあと、ひと呼吸おいてから入室すると感じがいいよ♪　ちなみに、トイレのドアをノックするときは2回でOK。

2 クラスと名前を言って用件を伝える

大きな声で「失礼します」と言ってドアをあけたら、自分の学年、クラス、名前を言おう。さらにそのあとに「カギをとりに来ました」などと、用件を伝えるよ！　聞きとりやすいよう、ハキハキと話そうね。

3 用事がすんだらあいさつをして退室

用事がすんだらすみやかに退室しよう！　職員室を出るときは「失礼しました」とあいさつしてね。ドアが大きな音を立てないように、静かにしめると印象もGOOD♪

みんなで使うものを大切に

学校の備品や図書館の本は自分だけのものではないよ

学校には、みんなでいっしょに使うものもたくさんあるよね。たとえば掃除用具や実験器具、体育館のボールや一輪車、図書館の本もそう。こうしたみんなで使うものは、自分のもの以上に大切にあつかわなくてはならないよ。順番やルールを守って使うことはもちろん、次に使う人のことをよく考えて返すようにしよう！

次に使う人が困らないように、もとの場所に戻そうね！

公共のものを借りたらここに注意

使用上のルールをよく確認！

使用上のルールを守って使うことは大前提！　危険な使い方はぜったいにやめてね。とくに、ボールや遊具の使い方などは、低学年の子が見ていてマネすることもあるから注意しよう。

借りている間はていねいにあつかう

本や楽器、そのほかの教材など、借りたものはていねいにあつかうようにして。学校の備品は高額のものも多いから、万が一壊してしまったら大変！　いつも以上に気をつけよう。

期限を守って必ず返そう

借りたものは期限内に必ず返そう。返却期限を守らないと、次に使う人が困ってしまうよ。たくさんの人が使うものだからこそ、一人ひとりがルールを守ることが大切なんだ♪

友だちのものを借りたときは…

なるべく早く返そう

借りたものはなるべく早く返すよう心がけてね！　本やゲームなど、返すまでに時間がかかってしまいそうなものは、「〇日まで借りていい？」とか「まだ借りていても大丈夫？」と、持ち主の子に確認しよう♪

貸したほうも「早く返して」って言いにくいことがあるから、借りた人がこまめに確認するようにね★

消耗品の使いすぎに気をつけよう

ペンやのり、テープなどを借りたときに注意しなくちゃいけないのが、使いすぎ。たくさん使ってしまったときや、使いきってしまったときなどは、同じものを買って返すなどの気づかいも必要だよ。

返すときも気づかい＆ひと工夫を！

長い間借りていたものなどはとくに、そのまま手渡しするのではなく袋に入れたり、サンキューカードと呼ばれるお礼のカードや、お手紙をつけて返すのがいいね！お礼の気持ちが伝わるよ♡

約束3

イベントをみんなで盛り上げよう

みんなで協力すれば楽しいことも増えるよ！

運動会や音楽会、修学旅行など、学校生活は行事がいっぱい！　こうした学校行事にはどんなふうに参加しているかな？　好きな行事は積極的に参加するけど、ニガテな行事にはあまり参加したくないという子もいるかもしれないね。だけど、ニガテだと思っている行事でも、準備や片づけ、友だちの応援など、自分にもできることが必ずあるはず。まずは自分にできそうなことを探してみよう！

運動はあんまり得意じゃないけど、応援グッズをつくるのなら任せて！

協力ってなにをするの？

助け合う

困っている人に手を貸したり、大きな荷物をみんなで運んだりと、お互いに助け合うことが重要。ひとりでできないことは「手伝って」と、まわりの人にお願いしてみよう！

アイデアを出す

自分の意見を言うことも協力のうち。話し合いの場では積極的に発言しよう。また、自分とはちがう意見の人の考えや気持ちを受けとめて、尊重することも大切だよ。

仲間意識をもつ

クラスやチーム、委員会など、自分が組織の一員であることを意識しよう。仲間の頑張りは全力で応援してね！　失敗やまちがいを責めたりせず、はげまし合って。

Happy technique

ハッピーテクニック3

学校行事をも〜っと盛り上げるテク

イベントがもっと楽しくなっちゃうお役立ちアイデア＆盛り上がりテクを教えちゃうよ！　友だちとのキズナも深まりそう♡

シーン1　修学旅行

クラスメイトと１日いっしょにいられる修学旅行は、小学生たちの間でもとくに人気の行事。夜は同室の子とおしゃべりする時間も多いから、今まで以上に仲よくなるチャンスだよ！　心理テストをきっかけに、友だちのことをもっと知っちゃおう☆

心理テストの例

テスト❶

あなたは今、学校へ向かっているよ。通学路を歩いていると、突然上から水がふってきたの！　とっさによけたけど、体のある一部にかかってしまったみたい……。濡れてしまったのはどこだったかな？

答え　濡れてしまった体のパーツは、あなたが自分の体の中でいちばん自信をもっているパーツかも⁉

テスト❷

あなたの家の近所に、毎日行列ができる有名なケーキ屋さんがあるよ。看板メニューのチーズケーキは１日30個限定。朝から何時間も並んでようやくゲットできたんだ。それでは今の気持ちを一言！

答え　それは、あなたが好きな人から告白されたときのセリフだよ♡

シーン2 運動会

盛り上がる行事ナンバーワン！　同じ組の人とのキョリを縮めるきっかけになるよ♪　運動会の必須アイテム、ハチマキを使ってかわいいヘアアレに挑戦してもいいかも♡　友だちと同じ結び方をするだけで団結力が高まりそう。ただし、学校で決められた結び方がある場合はルールにしたがってね！

かわいいハチマキの巻き方

1

ヘアバンドのように後頭部からハチマキを通すよ。髪が長い子はあらかじめアップにしておくと結びやすい♪

2

耳の後ろを通したら、頭のてっぺんでひとつ結びをしよう。このとき、ハチマキがゆるまないよう注意してね！

3

そのまま頭上でリボン結びをして、カチューシャ風に♥　リボンの位置を少しななめにしてもかわいいよ！

そのほかにも…

ポンポンを手づくりしよう！

ビニールテープやメッキテープで、オリジナルのポンポンをつくるのもおすすめ！　チアリーダーみたいでかわいいし、チームのみんなでおそろいの応援アイテムを使うことで、団結力もUPしそう☆

シーン3 合唱コンクール

クラスごとに課題の曲を合唱するコンクールでいい成績をおさめるには、クラスのみんなの結束力がカギになりそう♪　事前の練習にも積極的に取り組んで、くいが残らない合唱をしよう！　ここでは、上手に合唱するためのテクニックをレクチャーしていくよ☆

上手に歌うコツ

腹式呼吸を意識してみる

息を吸ったときにおなかをふくらませ、吐いたときにへこませる呼吸法を「腹式呼吸」というよ。合唱するときはこの腹式呼吸を意識すると、腹筋に力が入って大きな声を出すことができるんだ♪

肩の力はぬいてリラックス

肩の力をぬいてリラックスすることも大切♪　全身の筋肉がこわばっていると声が出しにくいから、歌う前に軽くストレッチするのもおすすめ。ただし、歌うときは背筋をピンとのばしてまっすぐ立ってね！

口はタテにあけて音を遠くに飛ばそう

口はタテにあけるイメージで歌うと、声がひびきやすくなるんだ♪　歌うときはなるべく遠くの壁を見て、そこに音をぶつけるつもりで声を出すとGOOD！　音が遠くに飛んで、聞く人にまっすぐ届くよ。

その ほかにも…

お守りやミサンガで結束力を高めよう

「コンクールで金賞をとりたい！」という気持ちをみんなで共有するために、おそろいのお守りやミサンガをつくってもいいかも♪　みんなの気持ちがひとつになれば、今まで以上にステキなハーモニーになるはず♡

シーン4 遠足&宿泊学習

遠足や社会科見学などのちょっとした遠出や、キャンプや林間学校などの宿泊学習。そんなイベントでは、楽しいゲームが盛り上がることまちがいなし☆　グループのみんなで楽しめる、とっておきのレクを紹介するよ♪

20の質問

準備

最初にじゃんけんで出題者を決めるよ。出題者は、ゲームの答えになるお題を決めて紙に書いておいてね！　お題はみんなが知っているものにしよう♪

遊び方

1. これは、出題者が決めたお題を質問20回以内で当てるゲーム。出題者以外の人は「はい」か「いいえ」で答えられる質問を順番にしていくよ(例：それは食べものですか？／この教室より大きいですか？ etc.)。
2. 自分が質問をするとき、答えがわかったら「それは○○ですか？」と聞いてもＯＫ。正解したらその子の勝ち、不正解なら脱落になるよ。
3. 20回質問をしたら、ひとりずつお題の予想を発表しよう。正解が出なかったときは、出題者の勝ち☆

フラッシュ

準備

全員に紙とペンを配ったら、じゃんけんで最初の親を決めよう！　タイマーがあると便利だけど、なければ時計でもOK☆

遊び方

1. 親の人はお題を決めてね。「食べもの」「学校にあるもの」など、たくさん連想しやすいものが◎。
2. １分間で、全員がそのお題から思いうかぶものを紙に書いていくよ。時間内であればいくつ書いてもＯＫ。
3. 親の隣の子から順番に、自分が書いた答えを読み上げよう。ほかの子は、自分も同じ答えを書いていたら手をあげて知らせてね。手をあげた人数分のポイントが、同じ答えを書いた人全員に入るよ♪　だれも同じ答えを書いていなかったら０点。
4. 全員が順番に親をやり、合計点がいちばん高かった子が優勝！

シーン5

卒業式・クラス替え

卒業式やクラス替えなど、1年いっしょにすごしたクラスメイトとお別れしなきゃいけないイベントは、少ししんみりしちゃうかも。だけど最後だからこそ、笑顔で終えられるとうれしいよね！　ステキな思い出になりそうなアイデアを紹介するよ♪

最後は笑ってお互いの門出を祝福したいね♥

黒板に寄せ書き

みんなで黒板アートに挑戦してみたり、直接寄せ書きをしたり。なれ親しんだ黒板にメッセージを残すのはステキな思い出になりそう。先生にサプライズで、感謝の気持ちを伝えてもいいね！

メッセージ交換

クラスメイトにたのんで、ノートや色紙などにメッセージを書いてもらおう！　ノートなら保管もかんたんだし、数年後に読み返したときなつかしい気持ちになりそう♪

column

準備や宿題は前日に！

前日に余裕をもって次の日の用意をしよう

次の日の準備は、前日の夜までにすませておくようにしよう！　万が一足りないものがあったときでも、前日なら余裕をもって用意できるはず。学校の前の日だけじゃなく、お出かけの前もバッグや洋服をあらかじめ準備しておくと安心♪

寝る前にはこれをチェックしよう！

- ◇宿題はすべて終わっている？
- ◇次の日の時間割を確認した？
- ◇必要な教科書などはランドセルに入れた？
- ◇給食着や運動着の準備はOK？
- ◇次の日に着る服を用意してある？
- ◇目覚ましをセットしてある？

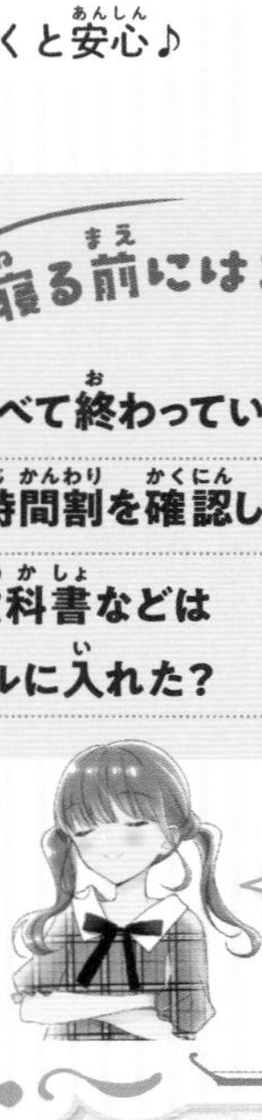

鍵盤ハーモニカや図書館の本など、ランドセルに入らない大きなものは玄関に出しておくと忘れないよ♪

～Lesson 3～

外出先でもステキなふるまいを☆

お出かけのマナー

ねぇねぇ、今度の土曜日
3人で映画を見に行かない？
映画!?
行く行く～！
それじゃあ駅前で
待ち合わせしよっか♪

3人で映画なんて
楽しみだな～♡
るん♪
るん
…カリンさま
大丈夫ですか？
待ち合わせの駅は
少しはなれている
ようですが…
バスにも電車にも
ひとりで乗ったことが
ないでしょう

しっかり勉強
したから大丈夫！
そうですか…
よーし！
まずは駅まで
向かうぞー！
コソッ…
心配でついてきて
しまいました…

お出かけのときは ルールやマナーを忘れずに

お出かけのときは、交通ルールを守ること以外にも大切なことがあるんだ。ここでは、外出のときに気をつけたいポイントを解説するよ♪

まわりの人の気持ちを考えて行動しよう

ショッピングやレストラン、映画館や図書館など、家族や友だちと外出する機会も多いよね。そんなとき、みんなはマナーを意識しているかな？　たとえば、静かな場所では声のボリュームを落としたり、人が多い場所では荷物がじゃまにならないよう工夫したり、困っている人がいたら手を貸したり……。そうした気配りができる子は「ステキだな」って思われることまちがいなしだよ♡

おうちの人に行き先を知らせよう

お出かけをするときは、必ずおうちの人に行き先を伝えてね。やむを得ず、事前に伝えることができなかったときは、行き先のメモを残しておこう。メモには「だれと」「どこへ行くか」「何時に帰るか」を書いておくと、おうちの人も安心できるよ！

サラちゃんと
公園に行ってるよ
5時に帰るね！

約束1

交通ルールや規則を守ろう

交通ルールを理解して安全にお出かけしよう

「歩行者は右側を歩く」ことや「赤信号は渡らない」ことは、法律で定められているルール。道を歩くときはこうしたルールと安全に気を配り、事故の防止に努めよう！　また、道路を歩くときは標識にも目を向けること。標識は、その道を通るときの注意や決まりごとを示していて、この意味をきちんと理解していれば、より安全にお出かけができるよ！

道路標識の意味を知ろう

自転車および歩行者専用

一方通行

一時停止

歩行者通行止め

十形道路交差点あり

横断歩道

自転車通行止め

見たことあるマークばっかり！　だけど意味は知らなかったな～。

基本の交通ルールをおさらい！

ルール1

歩行者は右側を歩こう

歩行者は右側通行、車は左側通行というのは「道路交通法」という法律で決まっているよ！　歩道がない道路を歩くときは道の右側を歩いてね。ただし、左側に歩道があるときは左側を歩いてもOK♪

ルール2

信号は余裕をもって渡ろう

青信号が点滅しているとき、どうしたらいいかは意外と知られていないよ。法律では、点滅してから渡りはじめてはいけないと決められているんだ。待つのがいやだからとあわてて走りださず、余裕をもって渡るようにしてね。

信号がない横断歩道では…

横断歩道の前で手をあげ、「渡ります」という意思を車の運転手に伝えるよ。車がとまってくれたら運転手さんとアイコンタクトをとって、最後に会釈もできると完ぺき！

ルール3

道の幅いっぱいに広がって歩くのはＮＧ！

友だち同士で出かけたときや登下校のとき、道いっぱいに広がって歩かないようにしよう！　みんなで広がって道をふさぐと、ほかの歩行者の迷惑になってしまうよ。友だちとのおしゃべりに夢中になっていると、ついうっかりやってしまいがちだから、ときどき自分たちが周囲の迷惑になっていないかふり返れるといいね！

こんな歩き方もNGだよ

- スマホ画面を見ながら歩く
- ポケットに手を入れて歩く
- 本を読みながら歩く
- 飲んだり、食べたりしながら歩く
- 縁石など歩道以外のところを歩く
- 道の真ん中で立ち止まる
- 道路に座りこむ

防犯ブザーを持ち歩こう

登下校中だけでなく、お出かけのときも防犯ブザーを持ち歩こう。不審者には、いつどこで遭遇するかわからないよ。ランドセルにつける学校用、外出用のバッグにつけるお出かけ用と、ブザーを２つ用意しておくのが◎。

ルールを守って
安全に自転車に乗ろう

基本は左側を通行し歩行者が最優先だよ

自転車は車と同じ「車両」に分類されるので、左側通行が基本だよ。大人の場合は車道を走らなくてはいけないけど、小学生のうちは歩道を走ってもＯＫ。ただし、歩道は歩行者優先なので、なるべく車道寄りをゆっくり走ってね！　安全のため、必ずヘルメットも着用しよう。

自転車に乗る前にチェック！

□ タイヤに空気が入っている

空気のぬけたタイヤでは走りにくく、事故も起きやすいよ。乗る前に空気圧をしっかりチェック！

□ ハンドルが曲がっていない

曲がったハンドルで走ると危険。タイヤをまっすぐにしたとき、ハンドルが傾いていないか確認を。

□ ブレーキがしっかりかかる

きちんと停止ができるかも重要。ブレーキをかけたとき、キーッと音がする場合は点検が必要！

□ ライトがきちんと点灯する

暗い道をライトをつけずに走るのは交通違反。ライトがきちんとつくかどうか、定期的に確認して。

□ 防犯登録をしてある

万が一盗まれてしまったときも、防犯登録してあれば戻ってくる確率が高くなるよ。

事故にあってしまったときに備えて「自転車保険」への加入が義務になっている地域もあります。おうちの人に確認してみましょう。

column

危険な場所に注意！

事故や事件には、自分の身近な場所で巻きこまれてしまうことも。事件にあうリスクを減らすために、身のまわりの危険な場所を知っておこう。

人通りの少ない道

高い壁でおおわれている道や、暗い路地裏など、人目につかないような場所にはあやしい人がひそんでいることも。なるべく明るく、見通しのいい道を歩こう。

線路や踏切の近く

線路上で動けなくなってしまったら危ないから、線路には入らないこと。踏切を渡るときも素早く渡り切るようにし、線路や踏切の近くで遊ぶのはやめよう！

空ビル・空き家

空ビルや空き家は、許可なく入ってはいけない場所。古い建物の場合は崩れることもあるし、悪い人がついて来てしまったときに助けを求めるのが難しいよ。近づかないで！

駐車場

駐車場で遊ぶのはとっても危険。いつ車が動き出すかわからないし、ものかげに不審者がひそんでいることも。また、車にボールなどをぶつけてキズつけてしまうと大変だから、ほかの場所で遊ぼう。

川の近く

子どもだけでの水遊びは危険だよ。川に入らなくても、ダムの放水などで川の水が急に増え、今まで陸だった場所が浸水することもあるんだ。川遊びはおうちの人がいるときにしよう！

公衆トイレ

公園などのトイレに危険がひそんでいることも。実際に、トイレで待ちぶせをされたり、連れこまれたりする事件も起きているから、ひとりで入るのはやめてね。だれかといっしょに利用するのが◎。

ゴミや落書きの多いところ

ゴミがたくさん落ちていたり、壁に落書きされていたりする、ルール違反の多い場所は人目につきにくい場所だといえるよ。そういう人目につかない場所では、犯罪も起きやすくなるので、ぜったいに近づかないようにしよう！

電車やバスでも
ステキなふるまいを

困っている人がいたら席をゆずろう！

電車やバスの中でお年寄りや妊婦さん、ケガをしている人などを見かけたら、積極的に席をゆずってね！「よろしければお座りください」などと声をかけると◎。自分の出来る範囲のことをしてみよう！

電車&バスの乗り方をシミュレーション

まずは切符を買おう

電車の場合は、最初に目的地までの料金の切符を買うよ。交通系ＩＣカードも便利だよ♪

バスは降りるときに料金を払う場合もあるんだって♪

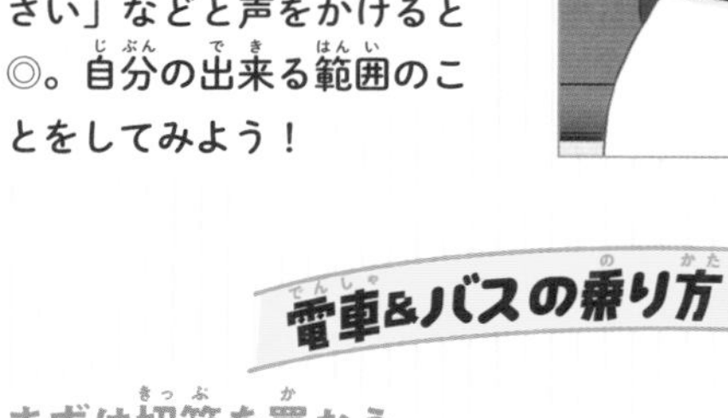

順番に並んで待つよ

バス停では、順番に並んでバスが来るのを待とう。駅のホームでは、降りる人がスムーズに通れるように、ドアの前にスペースをあけておくのがマナーだよ。

荷物がじゃまにならないよう注意してね

車内では、ひとりでもたくさんの人が席に座れるように、荷物はひざの上や網棚にのせてね。立っているときは、バッグやショップ袋などがまわりの人にあたらないように注意しよう。大きなリュックを背負っているときは、前で抱えるとほかの人にぶつける心配もないし、盗難防止にもなるよ！

ドアの前に立っているときは、乗る人や降りる人の迷惑にならないよう気をつけよう！

降りるときは意思表示を

電車は駅についたら扉が開く場合がほとんどだけど、混んでいるときは「降ります」と声をかけてね。バスはバス停に着く前に「降車ボタン」を押さなくちゃいけないよ。ボタンを押して、運転手さんに「次のバス停で降りる」ということを伝えるよ。

ここに注意！

車内での飲食はほどほどに

車内で何か食べたり飲んだりすると、まわりの人に不快な思いをさせてしまうことがあるよ。お弁当が売っている新幹線などの電車ならOKだけど、いつも利用する電車やバスはニオイも充満しやすいので、食事をするのはやめよう。どうしてものどがかわいてしまったときなど、必要最低限にとどめてね！

約束2

周囲の人のことを考えよう

マナーを大切にすることは相手を思いやるということ

身だしなみや言葉づかいだけでなく、ステキガールになるためには人の気持ちを考えることも大切！お出かけ先ではとくに、まわりの人のことを思いやりながら行動しよう。知り合いには明るくあいさつができるといいね！

マナー＝思いやりだよ。相手の立場や気持ちを考えながら行動しようね！

お出かけ先で気をつけたいこと

時間には余裕をもって

友だちと待ち合わせや映画など、時間が決まっているときはとくに余裕をもって行動しよう。あせって行動すると、ケガやトラブルの原因になってしまうこともあるよ。

だれに対しても礼儀正しく接しよう

お店の人や近所の人、駅員さんなど、だれに対しても礼儀正しく接するようにしてね。ていねいな言葉づかいでお話ができると、より好印象だよ♡

困っている人には手を貸そう

お年寄りや赤ちゃんを連れている人、体の不自由な人など、困っている人がいたら声をかけて。ただし、自分にできないことは、まわりの人に助けを求めるようにしよう。

覚えよう

公共の場所でのマナー

図書館　館内では静かに！　返却期限とルールを確認

図書館では、おしゃべりや飲食はやめよう。本を読んでいる人の迷惑にならないように静かにすごすのがマナーだよ。借りた本はていねいにあつかって、必ず期限内に返すこと！

共用スペースを使うときは…

自習スペースや検索用のパソコンなども順番を守って使ってね！　長時間占領したり、必要以上に荷物を広げたりするのはやめよう。

映画館　鑑賞中はスマホの電源を切っておこう

スマホやゲーム機など、音の出る機械の電源は必ずオフに。音だけでなく、画面の光も迷惑になってしまうよ！　鑑賞中は前の座席を蹴ったりしないように。

公園　遊具やベンチはゆずり合ってね

ほかに遊具を使いたい人がいないか確認を。小さい子が遊びたそうにしていたら、笑顔でゆずるのがステキなお姉さんだよ♪

こんな忘れものに注意

- 脱いだ上着
- なわとびやボール
- ゲーム機
- ジュースやお菓子のゴミ

美術館　作品にはさわらず落ちついて鑑賞しよう

美術館は美術品を鑑賞するための場所。大きな声を出したり、走ったりするのはNGだよ。また、美術品にはふれないように、決められたエリアから鑑賞しよう！

写真撮影もNGなことが多いから注意してね！

ショッピングも マナーを守って楽しく♪

商品は大切にあつかおう

購入前の商品を乱暴にあつかったり、勝手に開封したりするのはぜったいにダメ。汚したり、こわしたりしてしまうと、弁償しなくてはならなくなってしまうこともあるよ！

会計をするまでは自分のものではないので、気をつけてくださいね。

洋服を試着するときは店員さんに声をかけよう

試着室は、店員さんに声をかけてから使おう。一度にたくさんの服を試着するのはNGなお店もあるから、持ちこむのは1～2着にとどめるか、店員さんに聞いてみて。

ここに注意！

汗やメイクに気をつけて

試着をするとき、汗やメイクが服につかないように注意しよう。頭にかぶるフェイスカバーが用意されていたら、それを使ってね！

買うものが決まったらレジへ持っていこう

お会計をするときは、ちゃんと並んで順番を守ってね♪　店員さんにもていねいな態度で接することができると、とてもステキだよ！　お会計を終えて商品を受け取ったら、笑顔でお礼を言えるとGOOD☆

だれに対してもにこやかな子って好感がもてるよね♥

ラッピングをお願いしてみよう！

だれかへのプレゼントを買ったときは、会計のときにラッピングをお願いしてみるのもいいかも。お店によっては無料でかわいいラッピングをしてくれるところもあるよ♥

ショッピングのあとは荷物に注意してね

お洋服やコートなどを買って大きな荷物が増えたときは、荷物をまとめると持ちやすいし、ほかの人のじゃまにもならないよ。せまいお店や混んでいる場所では、商品や人に荷物がぶつからないように注意しよう！　また、レストランや電車の席などを荷物で占領するのもやめてね！

外食時も

キレイな食べ方を意識！

いっしょに食事をしたいと思ってもらえるように

だれかといっしょに食事をしたとき、「またいっしょに食事をしたいな」と思ってもらえたらうれしいよね♡　さらに、レストランの人にも「また来てほしい」と思ってもらえるように、30ページで解説した食事のマナーを思い出し、キレイな食べ方を心がけよう！　また、お店の雰囲気やスタイルに合わせたふるまいをすることも大切だよ♪

ビュッフェのときは…

自分で食べられる分だけをお皿に取ろう。温かいお料理と冷たいお料理は別のお皿を使うと◎だよ。お料理の前で長時間悩むと、ほかの人の迷惑になってしまうのでNG。

ファストフード店では…

食事が終わったらゴミやトレイを自分で片づけるスタイルのお店が多いよ。次にその席を使う人のことを考えて、キレイにしてから席を立とうね！

料理別！キレイな食べ方をチェック

お料理ごとに、上品に見える食べ方を紹介していくよ！
これを知っておけばレストランで迷うこともなくて安心♥

お蕎麦・ラーメンなど

日本では、麺をすする音は美味しそうに聞こえると言われることもあるけど、じつはこれ、外国ではマナー違反。不快に思う人もいるから、なるべく音は立てないで。

パン

パンは直接かじらず、ひと口で食べられるサイズにちぎって食べるよ。トーストの場合はジャムやバターを先にぬるから、ちぎらずそのまま口に運んでOK。

スパゲッティ

スプーンは使わず、麺をお皿のはしでフォークに巻いて食べるよ。ひと口で食べるには、2～3本が適量。麺をすすったり、音を立てたりするのはやめよう。

お寿司

お寿司は一貫をひと口で食べるよ。醤油はネタの部分につけると、くずれにくくおいしく食べられるよ。回転寿司の場合は、とったお皿をレーンに戻すのはやめてね。

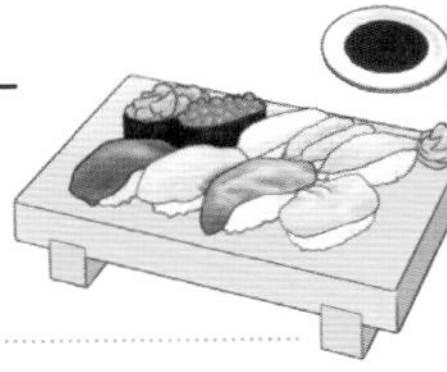

パンケーキやショートケーキ

ひと口大に切りながら食べるよ。ナイフが用意されている場合は、フォークとナイフを両方使うとよりエレガント。ケーキが不安定になったときはお皿の上に倒してもOK。

友だちとの食事やお呼ばれのときも、これで安心だね！

テーブルマナーの基本をチェック！

基本のテーブルマナーを覚えよう

30ページでも紹介したように、テーブルマナーというのは「その場にいる人全員がおいしく食事をし、楽しい時間をすごす」ために必要なもの。家での食事のときからテーブルマナーを意識しておけば、外で食事をするときも困らないよ♪　ここでは、レストランでの食事のときのテーブルマナーを解説していくよ！

イスに座るときは左側から！

プロトコールマナーでは、右側を上位と考えるよ。そのため、イスに座るときは下座にあたる左側から入るようにしよう。テーブルとの距離は握りこぶし１個分あけて座ってね。また、お店の人がイスをひいてくれたら、きちんとお礼を言おう♪

ナプキンは二つに折ってひざの上に

食事が運ばれてきたり、お店の人から声がかかったら、ナプキンを二つに折ってひざにのせよう。このとき、折れ目が自分のお腹側にくるようにしてね！　ナプキンで口をぬぐうときは、折りたたんだ内側の面を使うと汚れが人目につかなくてGOOD！

※プロトコールマナーとは、世界標準公式マナーです。
天皇陛下や各国の大統領などは、プロトコールマナーに基づいたおもてなしを行っています。

カトラリーは外側から使うのが基本！

カトラリーというのは、フォークやナイフなどのこと。フォークは左手、ナイフは右手に持って食事をするよ。レストランでは、使用するカトラリーが左右に並べられているので、一番外側のものから順番に使っていこう♪

※左利きの場合は、フォークとナイフを左右反対に持ってもOKです。

エレガントに見える上級テク

スープは手前から奥に向かってすくう

スープは手前から奥に向かってすくうのがスマート。スプーンの先端に口をつけて、口を「お」の形にして飲むとエレガントに見えるよ♪　飲み終わったら、スプーンをお皿に入れっぱなしにせず、受け皿の上のスープの器のむこう側に置いておこう。

ステーキなどはひと口サイズに切って食べる

ひと口で食べられない大きさのお料理は、口に運ぶ度に、フォークとナイフで切り分けて食べるよ。このとき、カトラリーでカチャカチャ音を立てないように気をつけてね。これはパンを食べるときも同様で、その都度ひと口サイズにちぎりながら食べるようにしよう！

食器に触らないのが洋食のマナー

和食とちがい、洋食はお皿を持ちあげたり、触ったりしないよ。手はテーブルの上に置いておこう。ただし、このイラストのように、スープのカップに取っ手がついているときは持ちあげてもOKだよ！

まわりの人と食事のペースを合わせよう

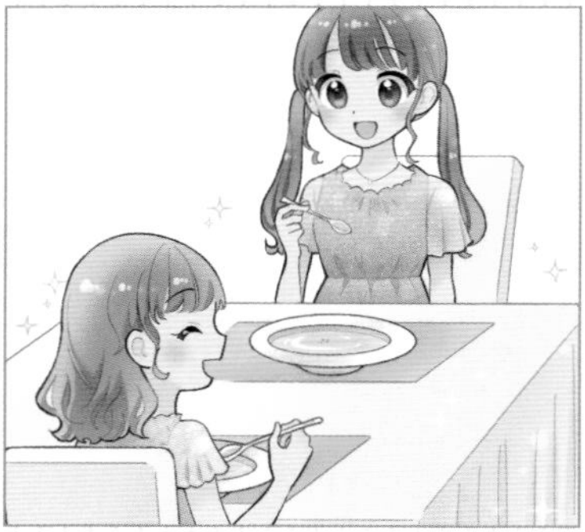

料理が順番に運ばれてくるコース料理の場合、全員が食べ終わるまで次の料理が出てこないよ。だから、食事中はまわりにペースを合わせることも必要なんだ。反対に、ひとりだけ早く食べ終わってしまうのも、相手を急かすことになるのでほどほどにしよう。

やむをえず席を立つときは…

食事が始まったら、食後の飲みものをたのむまでは席を立たないのがベスト。だけど、やむをえず席を立たなくてはいけないときは、ひざの上のナプキンはイスの上に置いていってね。そうすることで「席をはなれていますが、また戻ります」という合図になるんだ♪

食事が終わったら カトラリーをそろえておこう

食事がすんだら、フォークとナイフをそろえて食器のはしにななめに置いておこう。こうすることで「食べ終わりました」という合図になるんだ。このとき、ナイフの刃先は自分の方に向けるようにしてね！　ナプキンはキレイにたたみすぎず、軽くたたんでテーブルの上に置いておくよ。

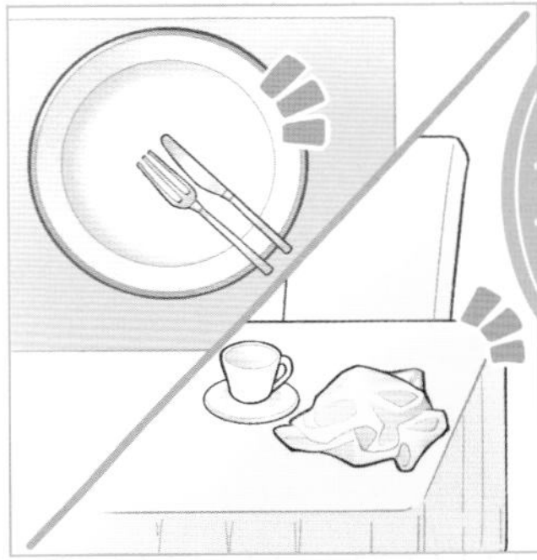

カトラリーは、イギリス式は縦（6時30分の方向）、フランス式は横（3時15分の方向）に置きますが、日本ではななめ（4時20分の方向）に置く人が多いようです。まだ食事が終わっていないときは、フォークとナイフをハの字に置いておきましょう。

ここに注意！

テーブルマナーの意外な落とし穴

落としたものは自分で拾わなくてＯＫ

食事中にスプーンやフォークを落としてしまったときは、自分で拾わず、お店の人に新しいものを持ってきてもらおう。また、ものを落として大きな音をたててしまったときは、まわりの人に一言おわびを。愛されガールはいつもあわてず、優雅にしているものだよ♡

「おてふき」でテーブルや口をふかないで

おてふきは手をふくためのもの。口をぬぐうときはナプキンを使い、テーブルが汚れてしまったらお店の人に対処を任せてね。お店の人は、トラブルのときはすぐに来てくれるけど、万が一気がつかなかったときは大きな声で呼ばず、アイコンタクトで知らせるとスマート♪

約束3

目的に合った服装をしよう

時と場所、目的に合ったコーデを考えてみよう

出かけるとき、みんなはどんな風にコーデを考えているかな？　たとえばアウトドアのときは動きやすい服装、ショッピングへ行くならトレンドを意識した服装など、目的に合わせて服装を選ぶことも大切なんだ。ここでは、そんなコーデを決めるときのポイントを紹介するよ！　パーティーやレストランなどでは「ドレスコード」が設定されていることもあるから、お出かけ前に確認してね♪

ドレスコードって？

その場にいるみんなが心地よくすごせるように、レストランやパーティーの主催者が決めた服装のこと。自宅でパーティーをするときは「ピンクのアイテムをひとつ」などと設定して、ドレスコードを楽しんでもいいかも♪

こんなときは服装に気をつけよう

結婚式

おめでたい結婚式では、はなやかなドレスやワンピースで出席しよう。白は花嫁さんが身につける色なので、ほかの色にしてね！

お葬式

喪服と呼ばれる黒い服や、制服を身につけるのがマナー。どちらもなければ、黒を基調としたシンプルな服装をしよう。

レストラン

フォーマルなレストランへ行くときは、せいそなワンピースなど、上品なコーデを心がけよう。小さめのバッグなら、イスの背に置けるよ。

コーデは こうやって決めるよ♪

友だちと図書館で勉強

目的

「勉強中は長時間座っているから、肩がこらない着心地のいい服にする」など、目的にいちばん適していると思うコーデを考えてみよう。

天気・気温

その日の天気や、気温も意識してみて。たとえば午後から気温が低くなるという予報の日は、温度調節できるような上着をもっていると安心！

季節

季節感も意識すると◎。冬なのに薄手のシャツを着たり、真夏にファーの服を着たりしていると、季節外れな印象になってしまうから注意して！

いっしょにすごす人

いっしょにすごす人がだれなのかも重要なポイント。友だちなのか、好きな人なのか、目上の人なのかによって、コーデの雰囲気も変わってくるはず♥

バッグの中には…

筆記用具＋ハンカチ＆ティッシュは必須アイテム。いざというとき役立つばんそうこうも、２～３枚持っているといいかも♪

シーン別！ファッション&ヘア

1シーン 家族&親せきとBBQ

ラフなコーデは
小物で遊んでみるのが◎

天候の変化や日焼け対策として、アウターがあると安心。大きめシルエットがかわいすぎ♡

Point

ルーズなワンピにデニムを合わせたボーイッシュなコーデ。ボディバッグなら動きやすさも満点だよ！　風などでくずれてもすぐにお直しできちゃうラフなおだんごヘアは、飾りピンを使ってポップに仕上げたよ♪

ヘアアレンジ

①

サイドの髪を少しとって結ぶよ。最後のひと結びは毛束を通しきらず、おだんごに。形を整えておこう★

②

やけどに注意しながら、残りの髪をヘアアイロンで外ハネに。おだんご周辺には飾りピンをつけてもかわいいよ！

アレカタログ

お出かけシーンごとに、おすすめのファッションとヘアアレを紹介していくよ♪　イチオシアイテムものっているから、参考にしてみて♡

2 シーン 友だちとショッピング

ブラウス×ベレー帽って
かわいいのテッパン♡

パンツにもスカートにも合う万能な白ブラウス。レースをあしらったデザインで、ガーリー度も増しっ♡

Point

ふんわりシルエットがかわいいブラウスは、タイトなスカートを合わせることでバランスも◎。シンプルなバッグにはストールをプラスしてはなやかさをUP♥　アクセや小物にまで手をぬかないよ！

ヘアアレンジ

❶

耳の横あたりの髪を一束とり、カラーゴムで3～4cm間隔で結んでいくよ。カラフルなゴムを使ってね♪

❷

反対側も同じようにしばったら、結び目から少しずつ髪を引き出して、ポコッとさせるとかわいいの♥

3 シーン 塾や勉強会・習いごと

動きやすさもかわいさも叶える
サロペスカートが主役♡

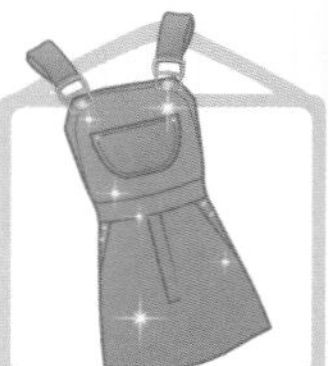

サロペスカートはこれ1着でコーデが決まる優秀アイテム。カジュアルにもガーリーにも振れるよ♡

Point

デニム地のサロペにせいそなブラウスを合わせてかわいらしさを演出♥　たっぷり入る大きめのバッグは使いやすさばつぐんだよ♪　みつあみでカチューシャをつくるのは、優等生ヘアのテッパン！

ヘアアレンジ

1

サイドの髪の毛束を少しとり、みつあみにしていくよ。毛先まできっちりあむと、カチューシャにしやすいよ♪

2

1でつくったみつあみを逆サイドにもっていき、耳の後ろあたりでピンでとめてね。

3

1〜2の手順でもう1本みつあみをつくって、カチューシャを2連にしてもOK。ボリュームが出てかわいいよ♥

4シーン 友だちの家にお呼ばれ

長めの花柄スカートで
お嬢さまコーデに挑戦！

上品さを演出できるひざ丈スカート。せいそな花柄をチョイスして、お嬢さまらしさも満点です♡♡

Point

ひざ丈スカートに短めのブーツを合わせれば、好感度ばつぐんなコーデの完成。シンプルなトップスを選べばバランスも◎。かんたんなのにかわいい「くるりんぱ」アレンジはお呼ばれの日にぴったり♪

ヘアアレンジ

①

サイドの髪をゆるく結び、結び目の上に内側から指を入れてすき間をつくろう。そこに外側から毛先の束を通すよ。

②

この「くるりんぱ」を２回したら、最後に毛束を２つに分け、左右にギュッと引っぱってゆるまないようにしよう。

③

結び目の上あたりの毛を少し引っぱり出すと、ボリュームもUP♥　反対側も同じようにくるりんぱしてね。

5 シーン クラスメイトと遊園地

おっきいおだんごで
めいっぱいはじけちゃお★

Point

歩きやすい厚底サンダルにソックスを合わせて、スポ風にまとめつつ、フリルつきのショーパンでかわいらしさもプラス★　動きやすさを重視しながらも、アクセや小物で決めるとこは決めました！

大きめアクセや飾りピンは、柄ありがかわいい！　友だちとおそろいで身につけてもGOOD！

ヘアアレンジ

まずは頭の高いところでツインテールをつくろう。たくさん歩いてもくずれないように、きつめに結んで。

結んだ髪の毛束を少しとり、毛先から根もとに向かって少しずつコームを入れるよ。反対側もこうやって逆毛を立ててね！

片方ずつ、髪を結び目に巻きつけていこう。毛先までぐるっと巻いたら、ピンでしっかり固定★　反対側も同様に。

6 シーン ちょっぴりフォーマルなレストラン

リボンのクラッチバッグがコーデを大人っぽくシフト♥

イスの背にも置いておける小さめなものをチョイス。小さいバッグだけどリボンの存在感はばつぐん♡

Point

パフスリーブのブラウスにプリーツスカートを合わせた優等生コーデも、クラッチバッグを持つだけでエレガントな雰囲気に♪　ストラップつきのシンプルなパンプスは、何に合わせてもかわいい！

ヘアアレンジ

❶

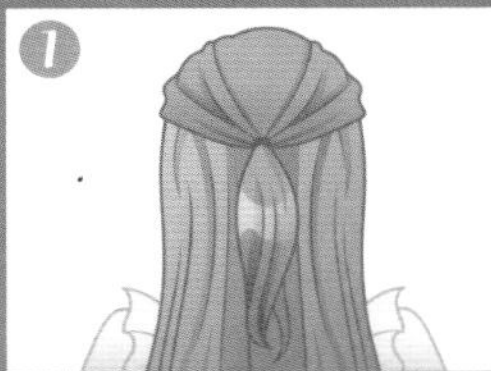

まずは半分から上の髪をひとつにまとめて、ゆるめに結ぼう。129ページと同じ手順で1回くるりんぱしてね！

❷

くるりんぱした毛束を2つに分け、ギュッと左右に引っぱってから形を整えよう。

❸

くるりんぱした毛束も含めた髪を3等分し、1本のみつあみに。あみ目を少しほぐして、ルーズにするのがおしゃれ♥

友だちの家にお呼ばれしたら？

1 おうちの人には必ず報告を

友だちの家へ遊びに行くことが決まったら、必ずおうちの人に報告しよう。はじめて遊びに行く場合やお泊まりさせてもらう場合などは、事前におうちの人から友だちの家に電話をしてもらうと安心♪　必要なら、当日持っていく手土産も用意してもらってね！

2 日にちと時間を決めておこう

遊びに行く日にちはもちろん、時間もしっかり決めておいて。ごはんの時間帯はさけ、暗くなる前に家に帰れるようにするのがベストだよ。

3 場所や行き方を事前に確認してね

はじめて行くおうちの場合、当日道に迷って時間に遅れることがないように、行き方は事前にチェックしておこう！　電車やバスなどに乗る場合は、必要な料金もしっかり調べておくと安心だね☆

ごはんの時間まで居すわっちゃうと迷惑になることもあるんだって。気をつけてー！

当日の流れをシミュレーション

これをマスターすればはじめてのお呼ばれでも迷わないね★

1 時間どおり着けるように出発！

だれかの家をたずねるときは、約束の時間ぴったりか、5分遅れて到着できるようにしよう。時間よりも早く着くと、準備ができていなくて迷惑になってしまう場合もあるよ。だからといって、大幅に遅れてしまうと、相手を心配させてしまうかも。そういうときは連絡を入れてね♪

2 おじゃまするときは靴をそろえてね

脱いだ靴は必ずそろえよう。靴は、玄関から入ったそのままの向きで脱いで、家へ上がってからしゃがんでそろえるようにしてね。このとき、家の人に完全に背中を向けないように、体をななめにすると感じがいいよ♪　段差があって靴に手が届きづらかったら、ひざをついてね。

3 おうちの人にもあいさつして手土産を渡そう

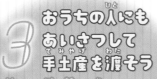

友だちの家に遊びに行ったときは、おうちの人にも「こんにちは」「おじゃまします」と、あいさつしてね。手土産は、お部屋に入って座ってあいさつをした後、袋から出してお渡しするよ。ケーキやアイスなど、すぐに冷蔵庫に入れてほしいものは玄関でお渡ししてもＯＫ！

次のページにつづくよ！≫

4 友だちの家でも礼儀正しくふるまおう

よそのおうちでは、「勝手に」何かをするのはやめよう。たとえばトイレに行きたいときは「お手洗いを貸してください」と一言断ってから使ってね。もちろん、おうちの人の許可なく棚をあけたり、TVやゲームを勝手につけたりするのもNG。

こんな行動はNGだよ！

- 勝手に部屋に入る
- TVを勝手につける
- おもちゃを散らかす
- 冷蔵庫を勝手にあける
- 走り回る、大声を出す
- おやつが食べたいと言う
- 歩きながら何か食べる

それぞれのおうちごとにルールがあるから、自分の家のやり方を当たり前だと思わないようにね！

5 夕食の時間の前におうちへ帰ろう

遅い時間までおじゃましてしまうと、夕食の準備が遅くなるし、夕食を始められなくて困らせてしまうかもしれないよ。「家で遊ぶのは◎時まで」と決めて、その時間にはおうちに帰るようにしよう。

6 いただいたもの、してもらったことはおうちの人に話してね

友だちの家でいただいたものは、自分の家の人にもしっかり報告して。「ケーキをごちそうになった」とか、「帰りに家まで送ってもらった」ことなどを話しておけば、おうちの人からもお礼を言ってもらえるよ。

お泊まりするときは…

積極的にお手伝いをしよう

夕食の用意や片づけなど、積極的にお手伝いをしてね。ただし、勝手に手伝うのではなく、友だちのおうちの人に「お手伝いできることはありますか？」と聞いてみて。

着替えや歯ブラシは家から持っていこう

お泊まりのときは、歯ブラシや着替え、パジャマは自分の家から持っていこう。フェイスタオルも1枚用意しておくと◎。クシなどもなるべく自分のものを使ってね。

洗面所やお風呂はキレイに使おう

洗面所やお風呂を使わせてもらったら、髪の毛や泡などが残っていないかしっかりチェック！ 洗面台のまわりが水びたしになっていないかも忘れずに確認してね。

遅くまで騒がず早めに眠ろう

お泊まりとなるとついテンションが上がっちゃうけど、遅くまでおしゃべりをしていると、友だちのおうちの人が眠れなくなってしまうよ。夜は早めに休むように♪

Happy technique

ハッピーテクニック 4

ふろしきの活用テク

ふろしきは、いろいろなことに使える万能アイテム！
自分のものを１枚持っているととっても便利だよ☆

いろいろな用途に使えて かさばらないので便利！

「ふろしき」って、あまりなじみがないという子も多いかもしれないけど、じつはとっても便利なアイテムなの！　お土産を包んだり、買ったものをまとめたり、結ぶとバッグに変身しちゃったり♪　最近では、カラフルではなやかな柄のふろしきも売っているから、お気に入りの１枚を探してみよう☆

こんなシーンで使えるよ！

ラッピング

プレゼントや、手土産のラッピングにも◎。ビンや筒など、包装紙では包みにくいものも、ふろしきを使えばキレイにラッピングできるよ♥　相手の好みに合わせた柄のものを選ぶと、よろこんでもらえそう！

旅行バッグの整理

洋服やタオル類などをふろしきで包めば、旅行バッグの整理もかんたん。旅行中は、食事や入浴のときにミニバッグにして使ったり、使用ずみの服や下着を包んだり。お土産の整理にも役立つことまちがいなし★

サブバッグとして

エコバッグ代わりにバッグの中に１枚しのばせておくのもGOOD！　お買いもののときはもちろん、急に荷物が増えたときでも安心だよ。撥水加工のふろしきなら、荷物もぬれにくくてとっても便利♪

ふろしきバッグのつくり方

ふろしきをバッグにアレンジする方法をご紹介！
とってもかんたんだから、おうちにあるふろしきでつくってみてね♡

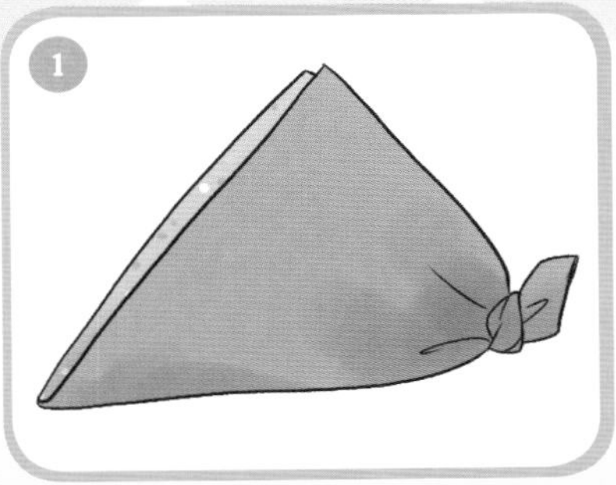

中表で三角に折ったら左右の角を結ぼう

まずはふろしきの柄の面を内側にし、三角形に折るよ。そのあと、左右の角をそれぞれ結んでおこう。左右の結び目の長さが同じくらいになるようにしてね！

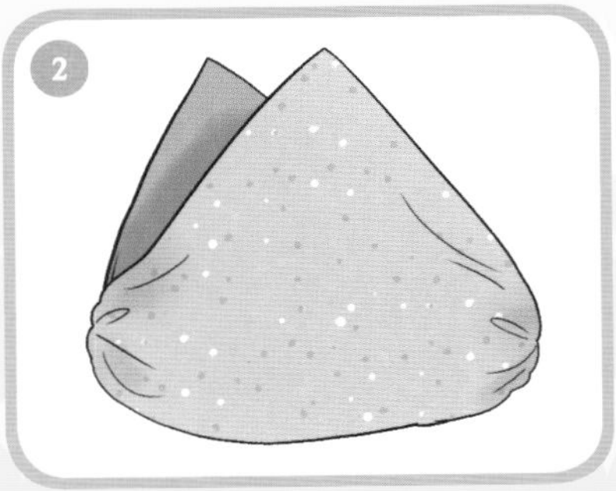

ふろしきを裏返して柄の面を外側に

そのままふろしきを裏返し、柄の面を外側にしたら軽く形を整えて。❶でつくる結び目の長さを変えれば、バッグのサイズも調節できるからためしてみてね！

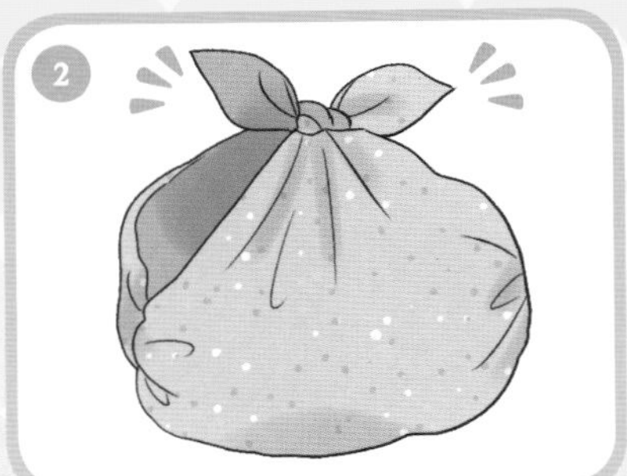

残りの2つの角を結んで持ち手にしてね！

残っている角を結んで持ち手にしたら、バッグの完成！ 浴衣や着物を着るときはもちろん、明るい色や柄のふろしきを選べばコーデのアクセントとしても使えるよ♡

季節のイベントを楽しもう

日本の伝統行事や風習について知ろう

日本には、昔から続いている伝統的な風習やイベントがあるんだ。こうした伝統的なイベントに参加したり、季節の移り変わりを感じられるような場所に出かけたりするのも楽しいよね！　ここでは、日本の伝統行事を紹介していくよ。季節の移り変わりを楽しめる子は、どことなくステキ……って思われるかも♡

日本の伝統＆イベントを紹介！

1月 お正月

新年の神様である「年神様」をお迎えする行事。門松やしめ縄、鏡もちなどを飾ってお祝いするよ。

2月 豆まき

「節分」では、鬼に豆をぶつけて邪気を追い払う風習が。年齢＋１個の豆を食べて、１年の無事を願うよ。

3月 桃の節句

「ひな祭り」として親しまれている、女の子の成長を願う行事。ひしもちやひなあられを供えて祝うよ♥

4月 お花見

桜の花を鑑賞し、春の訪れを楽しむイベント。奈良時代にはお花見の文化があったんだって！

5月 端午の節句

こどもの日に行われる、男の子の成長を願う行事。五月人形やこいのぼりを飾ってお祝いするよ！

6月 梅雨

雨が多いこの時期に飾る「てるてる坊主」は、江戸時代からつづく風習だといわれているんだ♪

7月 七夕の節句

織姫と彦星が年に一度会える日として知られる七夕。短冊に上手になりたいことを書いて、笹に飾る風習が。

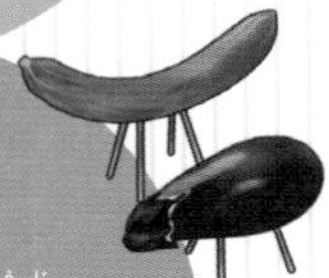

8月 お盆

先祖の霊をまつる行事。ご先祖さまの乗りものとして、キュウリやナスで馬や牛をつくって飾るんだ。

9月 お月見

十五夜の満月を「中秋の名月」といい、みんなで鑑賞するよ。お月見団子をお供えすることも♪

10月 紅葉狩り

色づいた紅葉を鑑賞する行事。「狩り」というのは紅葉を集めることではなく、鑑賞するという意味なんだ。

11月 七五三

7歳、5歳、3歳の子どもの成長を祝って神社にお参りするよ。縁起のいい千歳あめを食べることも！

12月 もちつき

年末のもちつきは、暮れの風物詩のひとつ。お正月に飾る鏡もちの準備を、年末にしておくんだって♪

column

二十四節気って？

日本の季節は約２週間に１度変わるよ

日本の季節は、春夏秋冬の４つに分けられるよね。二十四節気というのは、その４つを、さらに６つずつに分けたもの。それぞれに名前がついているんだ。下の表は、二十四節気をまとめたもの。それぞれどんな意味があるのか、調べてみても楽しいよ！

春	立春（2/4頃）	雨水（2/19頃）	啓蟄（3/5頃）	春分（3/20頃）	清明（4/4頃）	穀雨（4/19頃）
夏	立夏（5/5頃）	小満（5/20頃）	芒種（6/5頃）	夏至（6/21頃）	小暑（7/7頃）	大暑（7/22頃）
秋	立秋（8/7頃）	処暑（8/23頃）	白露（9/7頃）	秋分（9/22頃）	寒露（10/8頃）	霜降（10/23頃）
冬	立冬（11/7頃）	小雪（11/22頃）	大雪（12/7頃）	冬至（12/21頃）	小寒（1/6頃）	大寒（1/20頃）

～Lesson 4～

まわりの人とのキズナを深める♪

コミュニケーションのマナー

…………。

カリンさま、 そんなにこちらをじっと見て
どうされたんですか？
言いたいことがあるときは
きちんと言葉にしないと伝わりませんよ。

うっ…やっぱりなんでもない！

厳しいけど
いつも助けてくれる
ハルキに
お礼を
言いたい…
でも直接言うのは
恥ずかしいな…
カリンとマホに
手紙書いてきたよー
そうだ！
手紙でなら
言えるかも！

自分の気持ちを上手に伝えよう

コミュニケーションとは、相手の意見を聞き、自分の気持ちや意見を相手に伝えること。気持ちを上手に伝えれば、友だちとのキズナも深まるはず♡

「言葉」を大切にしよう

自分の気持ちを伝えたいとき、みんなはどうしているかな？　思っていることは言葉にしなくても「わかってくれるはず」「伝わっているはず」って思うこともあるけど、思わぬすれちがいをさけるためにも、「言葉」でしっかり伝えることが大切だよ。このとき、なるべくやわらかい言葉を選んで、やさしく伝えられるといいね♪　ここからは、相手に気持ちを伝えるときのポイントを紹介していくよ。

気持ちを伝えるときのポイント

なるべく早く伝えよう

感謝の気持ち、うれしい気持ちはもちろん、謝罪の気持ちもなるべく早く伝えることが大切。会話の最中でも自分のまちがいに気づいたら、迷わずすぐにあやまろうね。

自分の意見は素直に伝えよう

意見を求められたときは、なるべく素直な気持ちを話してみて。ただし、場合によっては正直な意見が失礼になってしまうことも。とくに言い方には注意が必要だよ！

受け入れてから伝えよう

相手と反対のことを思ったとしても、相手の意見を一度受け入れるようにしよう。「なるほど、そうなんだね」と受け入れてから、「わたしはこう思うよ」と話すと◎。

ポイント1

会話で気持ちを伝えよう

会話のときは表情やしぐさも大切だよ

会話のとき、人が何を重視するのか研究した人がいるよ。その結果、見た目や表情、しぐさが55%、声のトーンや速さが38%、話の内容が7%だということがわかったんだ（メラビアンの法則）。話の内容はもちろん大切だけど、表情やしぐさ、話し方がより重要なポイントなのがわかるね。26ページで紹介した正しい姿勢を意識すれば、見た目の印象もＵＰして会話がはずみそう☆

表情　目は口ほどにものを言うよ！

相手の目を見て、微笑みながら会話をしよう。微笑みは、コミュニケーションをスムーズにするといわれているから、心から微笑むことを意識してみて♪

体　相手に体を向けるとよりGOOD！

顔だけでなく、相手の方に体を向けると、その人の話に興味をもっているという意思表示になるんだ。体を向けなくても、隣で話すともっと親密になれるかも！

話し方　聞きやすいペースを意識してみよう！

自分のペースで話をしてしまうと、自分勝手なイメージをもたれちゃうかも。会話のときは少しペースを落として、相手の反応を見ながらしゃべるようにしてね。声のトーンも気持ち上げてみよう！

トークが上手な子は、これが無意識にできているんだって♪

笑顔は120%を意識！

自分が思う笑顔の それ以上を意識してみて☆

自分では満面の笑顔で笑っているつもりでも、意外と表情がかたまってしまっていることがあるよ。笑うときは、120%の笑顔を意識してみよう！　ちょっぴりオーバーなくらいのほうが、うれしさが伝わるよ。思い切って、最高だと思う笑顔のそれ以上で笑ってみよう☆

顔の筋肉をほぐして
にっこり笑ってね♥

笑顔エクササイズに挑戦！

笑顔をつくるのに欠かせない、顔の筋肉をほぐすエクササイズを紹介するよ♪

1

右のほっぺに空気をためたら、上くちびる→左のほっぺ→下くちびるの順に移動させよう。１回につき、10周くらいさせてね！

2

口角を上げてにっこり笑った状態で舌を出し、左右に動かしてみよう！　１回につき15～20往復くらいさせると、口のまわりがすっきりするよ☆

全身を使ったおしゃべりテク

相手の「目」を見て おしゃべりしてね

だれかが話しているときは、その人の目を見て話を聞こう。これは友だちとのおしゃべりのときも例外じゃないよ。また、視線はなるべく同じ高さになるよう意識してね！　高いところから相手を見下ろして話すと、えらそうな印象を与えてしまうことがあるから気をつけよう。

「背中」を向けないように 注意してね！

144ページで、相手に体を向けて会話しようと説明したけど、それとは反対に、相手に背中を向けることはとても失礼になるんだ。ふたり以上と会話をしているときなどはとくに、ひとりに体を向けることで、もうひとりに背中を向けてさびしい思いをさせてしまわないよう注意が必要だよ！

自分が真ん中になったときは、左右の子どちらにも気配りをしようね♪

「手」はテーブルの上に

会話のとき、手をテーブルの上にのせてほんの少し前のめりになることで、トークに積極的に参加したいという気持ちのアピールになるよ。ただし、手は動かしすぎないようにしてね。手をテーブルの下にしまっていると、「つまらないのかな？」って思われちゃうかも！

机の下で本を見たり、スマホをいじったりするのもやめようね！

ここに注意！

こんなトーク態度はNGだよ！

机にひじをつく

手をのせるのはOKだけど、ひじをついてしまうとたちまちだらしない印象になってしまうよ！ 体が傾いて姿勢も悪く見えてしまうから、会話中にひじをつくのはやめよう。

別のことをしながら話を聞く

人の話を聞いているとき、ゲームやスマホを見ているのは失礼にあたるよ。スマホは机に置かず、バッグにしまっておくように。会話中は相手と真剣に向き合ってね！

聞き取りやすい話し方を確認！

話のペースは“ゆったりめ”がGOOD

人に話を聞いてもらうときは、いつもより少しゆったりとしたペースで話してみよう。そうすれば、相手も落ちついて話を聞くことができるよ。また、相手と話のテンポを合わせることもとても大切。会話のテンポがいいと、どんどんトークがはずむし、相手にも「話していて楽しい」って思ってもらえるよ♪

“話す順番”を考えてみて

次に意識したいのは、話の順序。「いつ、どこで、だれが、どうした、だからこう思った」のように、流れを順序よく組み立てて話すと、相手に伝わりやすいよ。話の流れがバラバラだと、思わぬ誤解を与えてしまうこともあるから気をつけよう。

相手が知らないことは、それがなんなのかをきちんと説明しましょう！

こんな話題で盛り上がろう！

ファッション&おしゃれ

おしゃれが好きな子どうしで話すなら、ファッションの話題は盛り上がりそう♥　どんなふうにコーデを決めているかや、今日のコーデのポイントを聞いてみよう★　好きなモデルや雑誌の話をしてもいいね！

恋愛トーク

ガールズトークのテッパンネタ、恋愛のトークも盛り上がることまちがいなしだよ！　ただし、相手が話したくないことを無理やり聞き出したり、友だちの秘密をほかの人に話したりするのはぜったいＮＧ！

勉強や将来について

たまにはマジメに勉強や将来の夢について語り合ってみるのもいいね。友だちの意外な一面が見られるかもしれないよ！　勉強が得意な子と話すなら、ニガテな教科を教えてもらうのもいいかもしれないね★

ドラマや芸能人

ハヤリのドラマや俳優さん、芸人さんなどの話題も盛り上がりそう♥　好きな芸能人の話は、初対面の人とのトークのきっかけにもなるよ！　好きなアイドルのファンどうし、意気投合しちゃうかも♪

趣味やハマっていること

自分の趣味やマイブームなどを話すのも◎。自分のことについて話したら、次は相手がどんなことにハマっているのか聞いてみよう♪　趣味が合う友だちとは、友情もどんどん深まっていきそうだよ♥

あいづちを使って聞き上手に

あいづちを打てば会話にテンポがうまれるよ

人の話を聞くとき、ただ黙って聞いていると、話すほうはなんだか不安になってしまいそう。適度に「あいづち」を打つことで、「話を聞いてくれているんだ」という安心感を与えることができるよ。あいづちにはバリエーションがいろいろあるけど、なかでもよく使われる言葉を紹介するから参考にしてみてね！　また、だれかが話している途中に割りこんで自分の話をする「会話どろぼう」をしないように気をつけよう。

こんなあいづちを使ってみよう！

リアクションを表すあいづち

「うん」「へぇ～！」「本当!?」
「そうなの!?」「びっくり！」

同意を表すあいづち

「そうだね」「なるほど」「確かに」
「わたしもそう思う」「賛成！」

相手をほめるあいづち

「すごい！」「さすがだね！」
「それは知らなかった！」

つづきをうながすあいづち

「どういうこと？」「くわしく教えて！」
「それからどうなったの？」

column

ちくちく言葉に注意しよう！

言われるとイヤな気持ちになる「ちくちく言葉」。乱暴な言葉はもちろん、「早くしてよ」とか「そんなこともわからないの？」などの自分勝手な発言もちくちく言葉だよ。反対に、「すごいね」や「がんばって」など、人をうれしい気持ちにさせる「ふわふわ言葉」を積極的に使って、みんなをハッピーにさせよう！

こんな言葉を使っていない？

◇「バカ」「アホ」などの乱暴な言葉

◇「デブ」など見た目をからかう言葉

◇「来ないで」「近よらないで」

◇「〇〇ちゃんとは遊びたくない」

◇「それくらいわかるでしょ」

◇「いいかげんにしてよ」

自分の気持ちはやさしい言葉で伝えて、みんなで楽しくすごそう♪

相手の気持ちを想像しよう！

だれかと話をするときは、相手の気持ちを想像しながら話すことが大事！　たとえば友だちが落ちこんでいるときに、気にせず自分のうれしかった話をしたら、友だちはどう思うかな？　このように、自分が「話したい」という気持ちを先行させず、まずは相手の気持ちになって考えてみることが大切だよ♪

シーン別！コミュニケーション

シーン1
初対面の子と話すのがニガテ……。どうしたら緊張せずにトークを盛り上げられるかな？

クラスメイトの意見

ネタをとにかくたくさん考えておく！

最初は質問から始めるのがいいと思うから、質問したいことを考えておくかな♪　好きな芸能人とか、得意な教科とか、習いごとはしているかとか。そこから話をつなげるようにしているよ！

先ぱいの意見

きっかけさえあればスムーズに話せるはず

自分から会話を始めるきっかけをつくるようにしているよ。「それかわいいね」って、アクセやステショのことにふれてみるのがおすすめ。ほめられてイヤな気持ちになる人はいないからね♪

プリンセスタイプ別に一言アドバイス

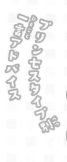

ラプンツェル
相手の目を見ながら話せば、お互いにリラックスできそう♡

シンデレラ
自分の好きなものを伝えてから、相手にもたずねてみよう！

白雪姫
「昨日のあの番組みた？」って、TVの話題をふってみるのが◎。

ベル
まずは相手をじっくり観察。自分との共通点を探してみて♪

ねむり姫
会話のときは表情に注意！　自然に微笑みながら話せるとGOOD。

お助けガイド

みんなのコミュニケーションのお悩みについて、同世代の子や先ぱいに意見を聞いてみたよ！　6ページの診断でわかるプリンセスタイプ別のアドバイスも参考にしてね☆

シーン2 好きな人には「かわいい」って思われたい！かわいこぶるのっていけないことなの？

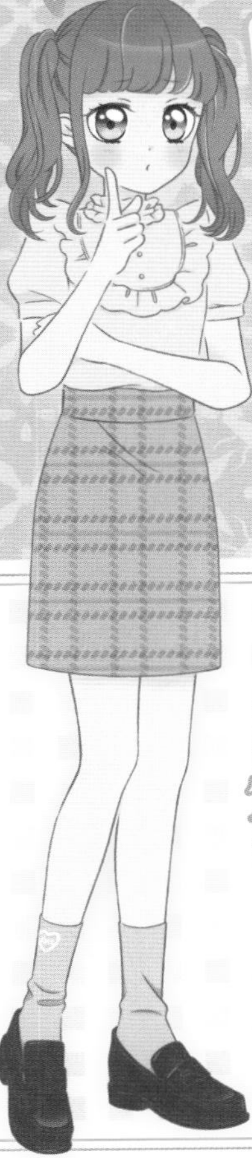

クラスメイトの意見

人によって態度を変えなきゃ全然アリ

かわいくなるために頑張るのって、すごいことだと思う！　だけど、人によって態度を変えるのはやめたほうがいいかな。男女関係なくだれにでも同じ態度で接すればいいんじゃない？

男の子の意見

気づかいができる子はかわいいと思う

かわいこぶるのはわからないけど、さりげない気づかいをしてくれると「かわいいな」と思うよ。そうやっていつも人のことを気にかけてくれる子＝かわいい子ってことなんじゃないかな？

プリンセスタイプ別に一言アドバイス

- ラプンツェル：かわいいの基本は身だしなみから。ハンカチ＆ティッシュを忘れずに。
- シンデレラ：普段とちがうヘアアレに挑戦してみると、意識してもらえそう♡
- 白雪姫：好きな子のクラブの応援に行くと、急接近のチャンスが!?
- ベル：毎日のスキンケアをしっかりこなして、うるつや肌をアピール♡
- ねむり姫：会話の最中に笑顔を心がけると、かわいいって思われちゃいそう！

シーン3 自分の悪口を聞いちゃった……！ これからどうしたらいいのかな？

クラスメイトの意見

だれかに話を聞いてほしいかな

悪口を言われていたってわかるとショックだよね。わたしだったら、だれかに話を聞いてほしいかも。信頼できる心友や、ほかの学校の友だちに話して、相談にのってもらうのはどうかな？

先ぱいの意見

なかったことにするのがいちばん！

ショックを受けるかもしれないけど、悪口なんて気にしないのがいちばん。悪口を言う子は、あなたのことがうらやましいんだと思うよ。スルーしていれば、そのうち言われなくなるよ！

プリンセスタイプ別に一言アドバイス

ラプンツェル：いつもどおりに「おはよう！」とあいさつしてみよう☆

シンデレラ：辛いときは、信頼できる先生やおうちの人に話してみて。

白雪姫：心友の子が力になってくれそうだよ。相談してみよう！

ベル：「聞き流す」スキルを身につければ、気にならなくなりそう！

ねむり姫：悪口を言う人はまだ子どもなんだと、広い心でゆるしてあげて。

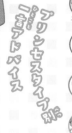

4シーン ちょっぴりニガテな子がいるんだけど多少がまんしてでも仲よくすべき？

先ぱいの意見

相手のことを知れば共通点があるかも

どうしてその子のことがニガテなのか考えてみて。まだ相手のことをよくわかっていない場合は、まずはその子を知る努力から♪　共通点が見つかれば、意外と仲よくなれるかもしれないよ。

クラスメイトの意見

無理につき合わなくていいと思うけど…

ニガテな子を仲間外れにしたり、ほかの友だちにまでその子と仲よくしないでって言うのはちがうよね。とくに、全員で協力しなきゃいけないときは助け合おう☆

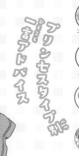

プリンセスタイプ別に一言アドバイス

- ラプンツェル：ちょっぴり気になるところがあっても気にしないのがいちばん☆
- シンデレラ：考え方がちがうだけだと思えばニガテ意識がなくなるかも。
- 白雪姫：ニガテなところに意識を向けず、相手のいいところを探してみよう。
- ベル：好きな芸能人の話で盛り上がれば、ニガテ意識がなくなりそう♪
- ねむり姫：笑顔であいさつしていれば、自然と打ちとけられそうだよ！

5 シーン 友だちと同じ人を好きになっちゃった！ あきらめるべき？ 正直に言うべき……？

クラスメイトの意見

友だちのためにあきらめる必要はない

友だちのために自分の恋愛をあきらめる必要はないと思う。わたしが友だちの立場だったら、正直に言ってほしいって思うかな。本当に大切な友だちなら、なおさら素直に話していいんじゃない？

先ぱいの意見

自分が後悔しない方法を選んで

答えは人それぞれだし、正解はないと思う。だから、迷ったときは自分が後悔しないほうを選択してね！　友だちのために身を引くというのも、それで自分が後悔しないのならOKだと思うよ。

プリンセスタイプ別に一言アドバイス

ラプンツェル：思っていることを素直に伝えれば、相手もわかってくれるはず！

シンデレラ：人のことを考えすぎず、自分の正直な気持ちにしたがってみよう。

白雪姫：堂々とライバル宣言しちゃうのもアリ。きっと理解してもらえるよ。

ベル：ほかの友だちに相談してみよう。アドバイスをもらえるかも！

ねむり姫：早まった行動は禁物！　もう少し慎重にようすを見てね。

6 シーン 家族とすぐケンカになっちゃう……。親の言うことって正しいの？

先ぱいの意見

あなたのことを心配しているのは確か

うちの親も口うるさいけど、わたしのことを心配しているからなんだって思っているよ。だから親に反論するときは「心配してくれてありがとう。でもわたしはこう思う」って言うようにしてる！

クラスメイトの意見

なぜいけないのか理由を聞いてみよう

前までは親に「ダメ」って言われるとムカついていたけど、ダメな理由を聞くようにしてからは納得できるようになったよ。もしも納得がいかないときは、ダメな理由をきちんと話してもらおう。

プリンセスタイプ別に ひと言アドバイス

ラプンツェル：日ごろから「ありがとう」を伝えていれば、ケンカも減るかも！

シンデレラ：話を聞くときは真剣に向き合おう。何かしながら聞くのはNG。

白雪姫：おうちの人に言われそうなことは、先回りして全部すませよう☆

ベル：一度は家族の言うことを受け止めてみよう。その心がけが大事！

ねむり姫：どうしても素直になれないときは、家族に手紙を書くのも◎。

ポイント2

文字で気持ちを伝えよう

手紙を書くときは やさしい言葉で正しく伝えてね

自分の気持ちを伝えたいとき、手紙を書くことはとても効果的！ 面と向かって言うのは照れくさい感謝の気持ちや、ケンカした相手への謝罪の気持ちも、手紙でなら素直に伝えることができるよ。もちろん、日常のなにげないやり取りのために手紙を書いてもOK！ デコ文字やイラスト、シールなどでかわいくデコって渡せば、もらう人もうれしい気持ちになるはず♪

手紙ってどんなときに書くの？

お礼やお祝いを伝えたいとき

プレゼントをもらったときや助けてもらったときなど、だれかにお礼の気持ちを伝えたいときにお手紙は効果的だよ♡ もちろん、誕生日や記念日などにお祝いのメッセージを送ってもGOOD☆

最近のできごとを報告したいとき

近況報告として手紙を書くのもいいね♪ クラスメイトとのやりとりなら、メモ帳やルーズリーフを使ってもかわいい♡ 遠くに住んでいる友だちや親せきとの文通なら、レターセットを使おう！

イベントに招待したいとき

クリスマスパーティーやお誕生日会、ハロウィンパーティーへの招待状として手紙を書くことも！ シーンに合ったデコ文字やイラストでかわいく仕上げてね♡ 時間や場所を書くのもお忘れなく♪

手紙を書くときのポイント

便せんや封筒にもこだわろう

せっかくお手紙を書くなら、レターセットもお気に入りのものを使おう♪　色やデザインだけでなく、紙の質感に注目してみるのも◎。外国ではとくに、手紙やカードには質のいい紙を使うことも大切だと考えられているんだ。

読みやすい字を心がけて

手紙の基本は読みやすい字で書くこと。友だちには、デコ文字を使うことも多いかもしれないけど、相手が困ってしまうくらい読みにくいデコ文字は考えもの。読む人のことをいちばんに考えて、ステキな文面に仕上げよう☆

かわいくデコって渡すのもGOOD！

デコ文字のほかにも、デコラインやイラスト、シールにマステなど、手紙をデコるテクはいろいろあるよ♡　送る相手やシーンに合ったデコレーションをしてみよう！　開いたときにうれしい気持ちになるようなお手紙を書きたいね♪

おじいちゃんやおばあちゃんへの手紙なら、大きめの文字で書くと読みやすいかもしれないね★

STEP1 文字をアレンジしてみよう

まずは基本のデコ文字に挑戦してみよう！　右のみほんの「あ」の字の、アレンジパターンを６つ紹介するよ♪

あ

ふくろ文字＋かげ

りんかく線だけの文字のことをふくろ文字というよ。りんかくの右と下にだけかげをつけると、立体的になっていい感じ☆

丸どめ文字

線のはしとはしに小さなドットを書くのが丸どめ文字♪　かんたんなのにとってもかわいいアレンジ方法だよ！

つやつや文字

丸っこいふくろ文字を書いたら、ところどころにびっくりマーク（！）を書き入れて。ぷっくりした文字になってかわいいよ♪

ぐるぐる文字

線をぐるぐるとぬりつぶすだけ！　モヤモヤする気持ちを表すのにぴったりだよ。急いでいるときもすぐ書けちゃう！

囲み文字

文字のまわりを線で囲むだけのかんたんなアレンジ♪　囲み線を点線にするなど、アレンジ方法はいろいろだよ！

テープ文字

ふくろ文字の進化系アレンジ。線のはしをテープのようにギザギザさせると、一気に上級者っぽい仕上がりに♡

フレーズのアレンジ方法を紹介！

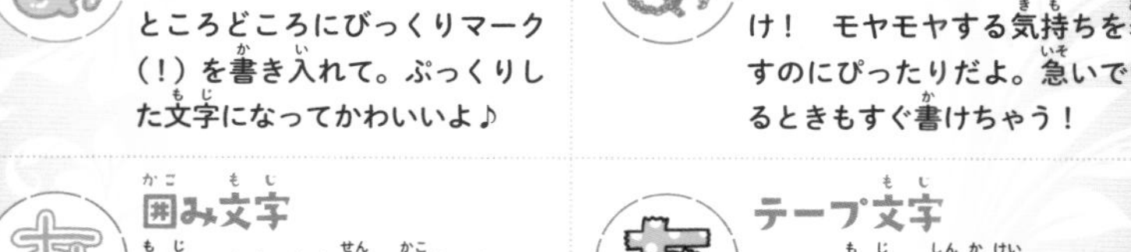

STEP 2
デコラインを活用しよう

お手紙の中で話題を変えたいときや、スペースを区切りたいとき、ただ線を引くだけじゃちょっぴり味気ないかも！ せっかくならとびきりかわいいラインを使ってみてね♥

点線の間にハートとアスタリスク（＊）をはさんでおしゃれに♡

ポップな文面にぴったりな、ガーランド風ライン♪

お花と葉っぱを使った、ちょっぴり大人テイストなライン。

レースとリボンのラインでとことんガーリーに決めよっ♡

ダイヤと「〜」にひと手間加えて、本格的なラインが完成！

線の上下にドットを加えるだけのお手軽デコラインだよ☆

STEP 3
プチイラストをそえよう

デコ文字＆デコラインをマスターしたら、もうひと工夫！ お手紙にちょっとしたイラストをそえるだけで、とってもはなやかな印象になるからためしてみてね★

デコ文字を使った

クラスメイトや先ぱいに♪

お手紙アイデア集

HAPPY BiRTHDAY
MoMoKA
ももかもやっと12才だね
これからもず〜〜〜っと
なかよしでいようね
この1年がステキな毎日に
なりますように
みゆより

FOR：心友

大切な心友の誕生日には、とびきりかわいい手紙を渡したいもの。イラストやマークをいっぱい使って、キラキラな文面に仕上げよう♪　プレゼントにそえて渡すのがGOOD！

ここがポイント！

年齢はとくに目立たせたいから、数字をキャンドル風にデコったよ♥　背景の色は心友の大好きなカラーに♪

FOR：クラスメイト

クラスメイトに渡すちょっとしたお誘いの手紙だって手をぬきません！　イラスト＆フキダシを使ってにぎやかな文面を意識してみたよ♪　肝心の時間はとくに目立たせて。

ここがポイント！

うれしい気持ちは顔文字風のイラストで表現♪　文末にイラストを加えるだけでもかわいさがUPしちゃうよ★

DEAR ゆめのちゃん
ママとクッキーやいたよ
今日の放課後、食べにきてくれたら
ウレシー かも
まってま〜す
4時にきてね！

前のページで紹介したアレンジを使って、いよいよお手紙を書いていくよ！　まずは仲のいい友だちや先ぱいにあてたお手紙のアイデアを紹介するね♪

FOR：先ぱい

クラブでお世話になった先ぱいへのお礼の手紙。大好きなバスケのモチーフをたくさんちりばめたよ！　年上の先ぱいへの手紙のときは、ていねいな言葉づかいを意識してね♪

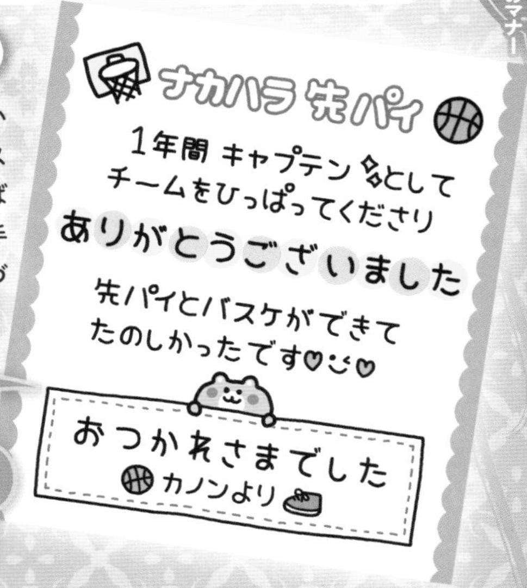

ナカハラ先パイ
1年間キャプテンとしてチームをひっぱってくださりありがとうございました
先パイとバスケができてたのしかったです
おつかれさまでした
カノンより

ここがポイント！
とくに目立たせたい感謝の言葉をカラフルに。文字ウラに色ちがいの丸を書くだけで、さわやかに仕上がるよ♪

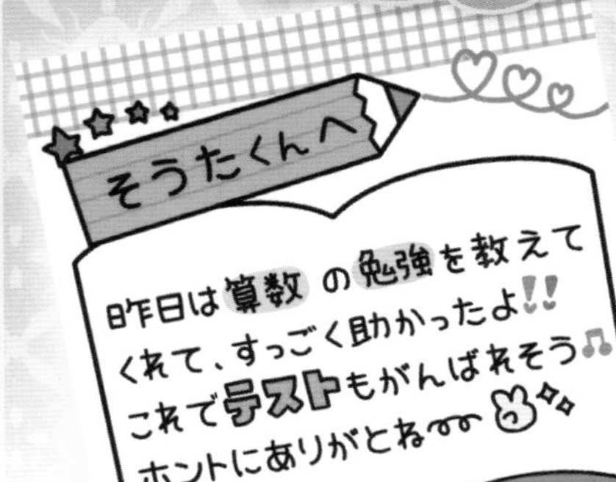

そうたくんへ
昨日は算数の勉強を教えてくれて、すっごく助かったよ!!
これでテストもがんばれそう
ホントにありがとね
あおいより

FOR：好きな人

気になる相手に渡すお礼のお手紙！　ノートとえんぴつ、消しゴムのモチーフの中にメッセージを書き入れたインパクト大なデザインは、印象に残ることまちがいなしだよ♡

ここがポイント！
内容に合った文房具のイラストをさりげなくちりばめるのが◎。シールを貼ってデコってもかわいいよ♥

Happy technique

ハッピーテクニック5 折りレターをマスターしよう！

メモや便せんにメッセージを書いたら、モチーフの形に折ってみてもかわいいよ♡　とくに使える３つの折り方を紹介するね！

定番折り

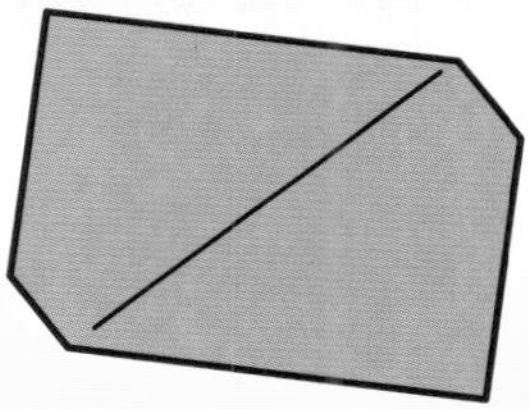

いちばんかんたんでシンプルな折り方。
まずはこの定番折りをマスターしよう☆

- - - - - - - 谷折り

1

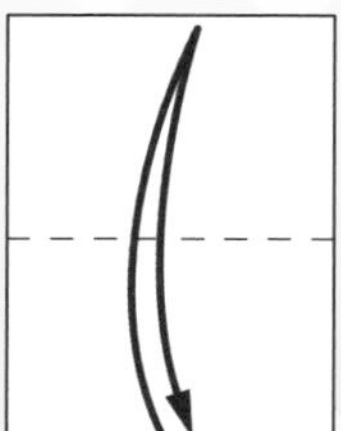

2

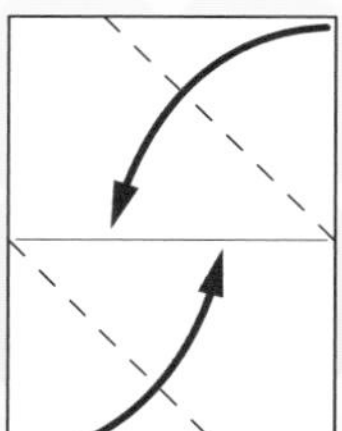

3

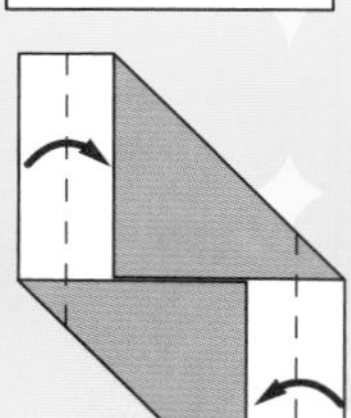

4

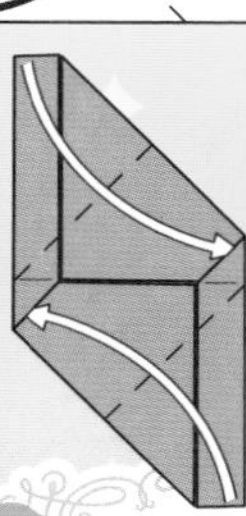

5

カドは★の下にしまいこんでね！

ウラ返す

6

完成！

リボン

とびきりガーリーなリボンのお手紙。もらったら思わずテンションが上がりそう♡

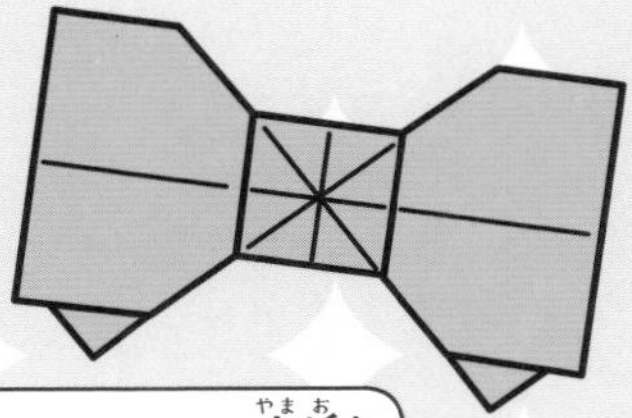

山折り
谷折り

1

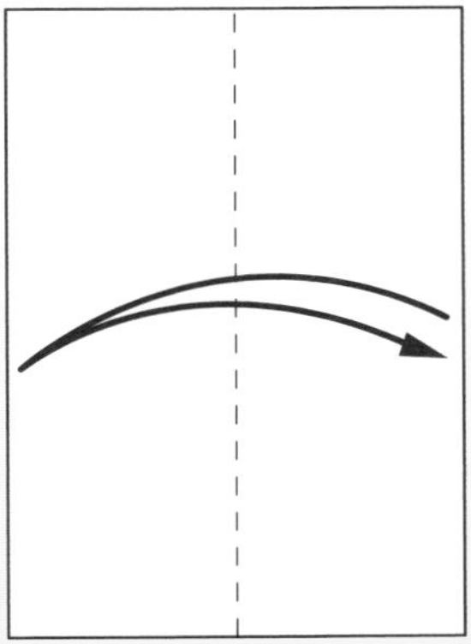

2

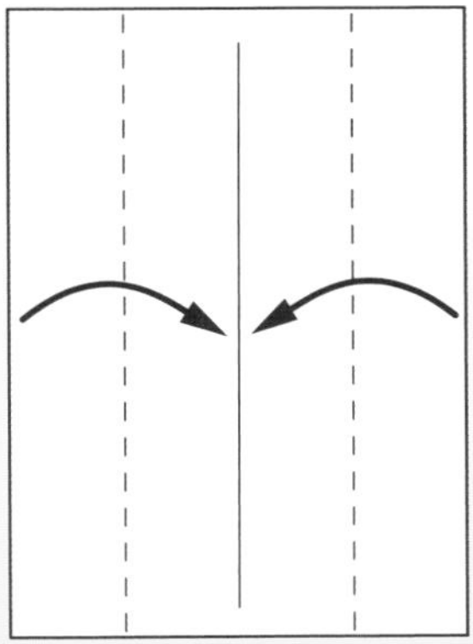

3

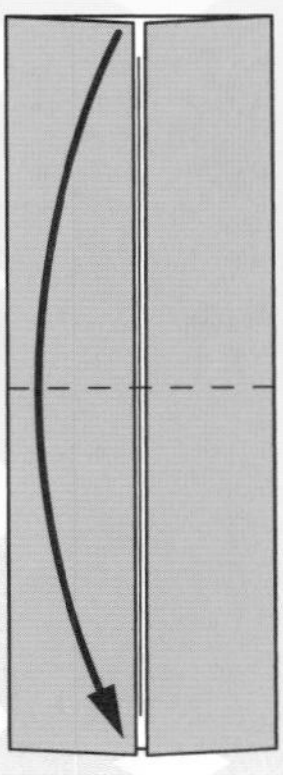

4

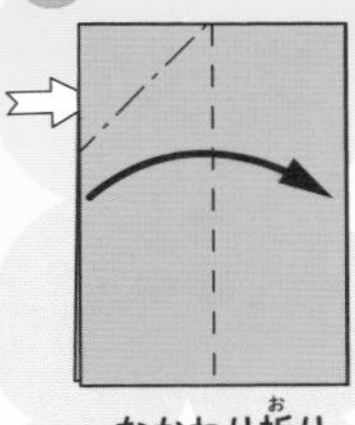

なかわり折り

5

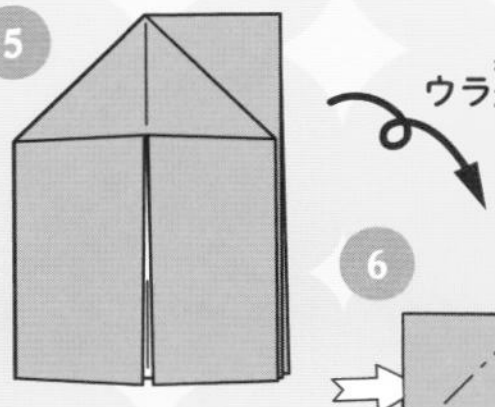

6

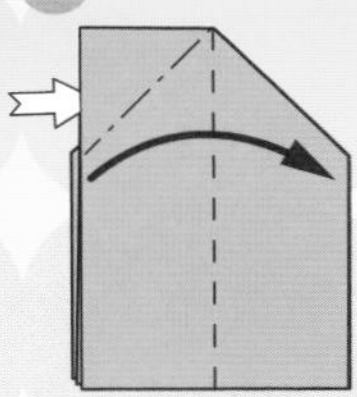

なかわり折り

次のページにつづくよ！»

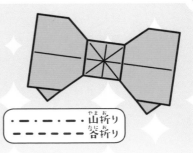

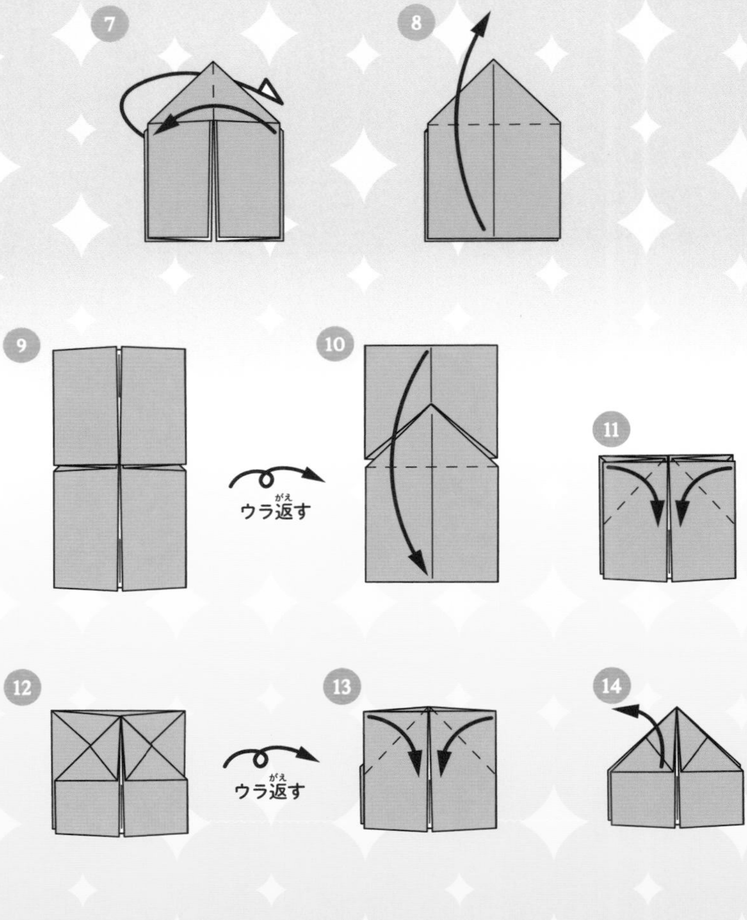
7
8
9
ウラ返す
10
11
12
ウラ返す
13
14
15
16

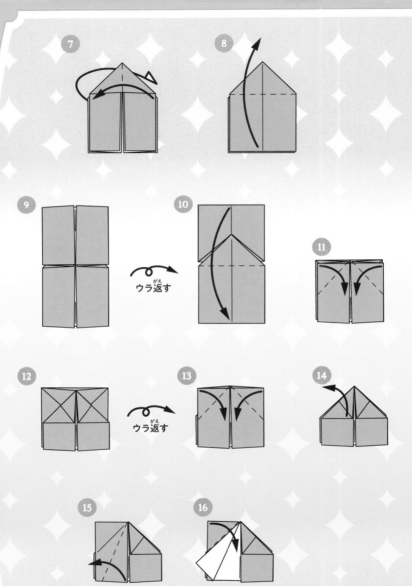

17

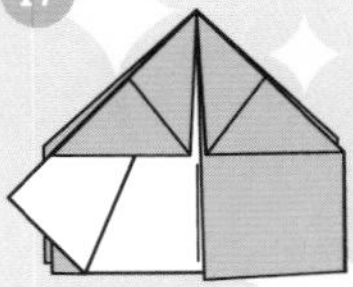

ウラ返す

18

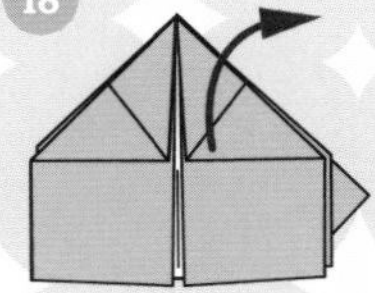

19

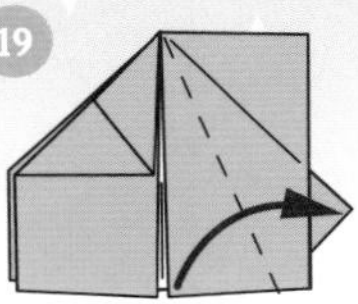

20

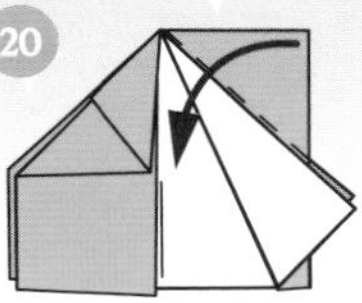

21

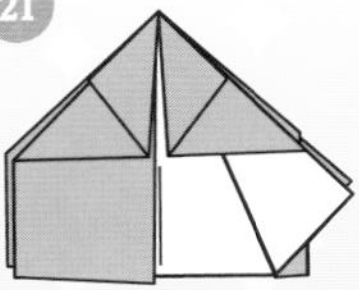

向きを変える

22

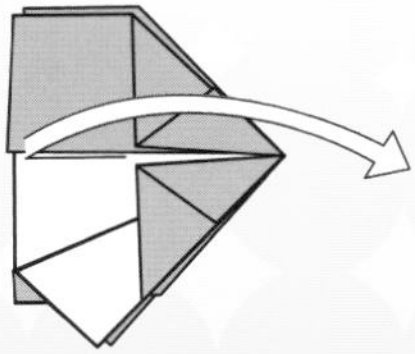

23

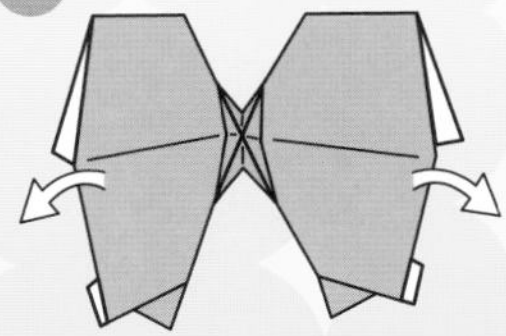

そっと広げて真ん中をつぶしてね。やぶれないよう注意して！

完成！

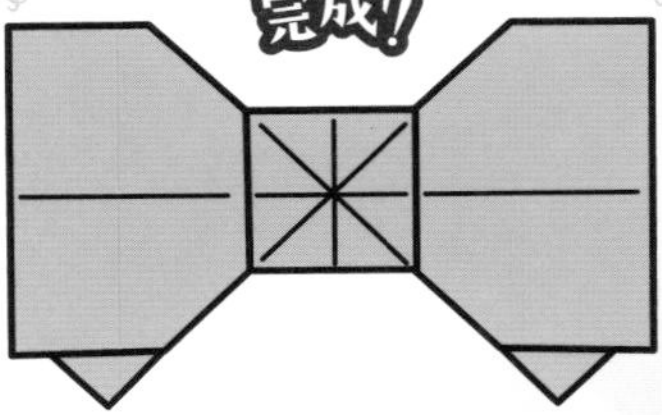

ちょっぴりむずかしいけど、手順をよくみながらゆっくり折れば大丈夫♥

イチゴ

手順は少なめだから、細かいところまでていねいに折ればキレイに仕上がるよ♪

・—・—・—・— 山折り

- - - - - - - 谷折り

1

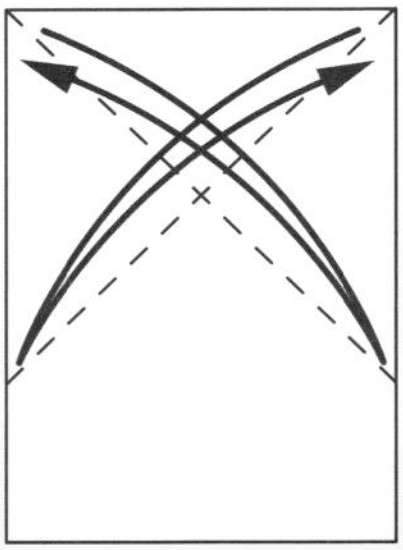

ウラ返す

2

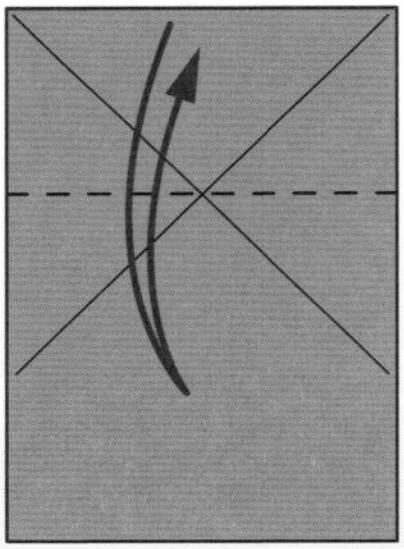

ウラ返す

3

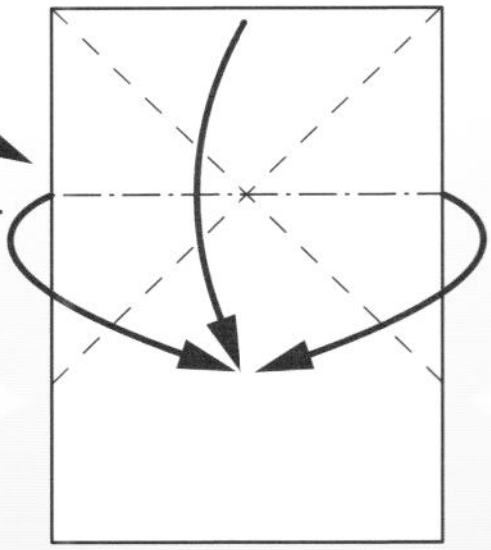

4

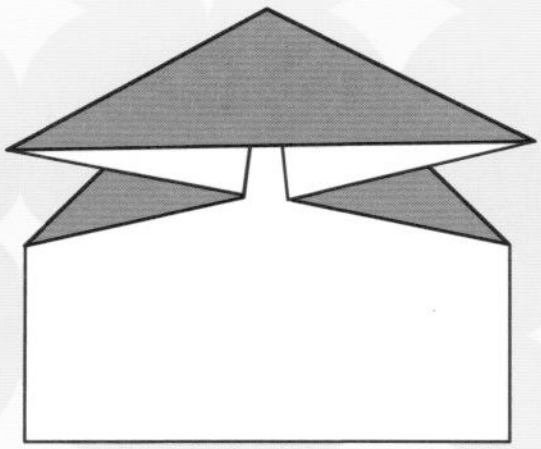

5

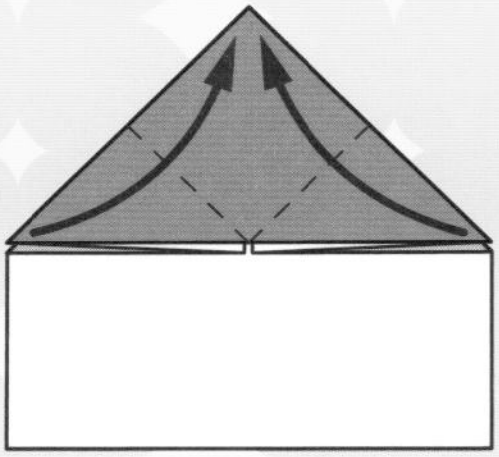

6

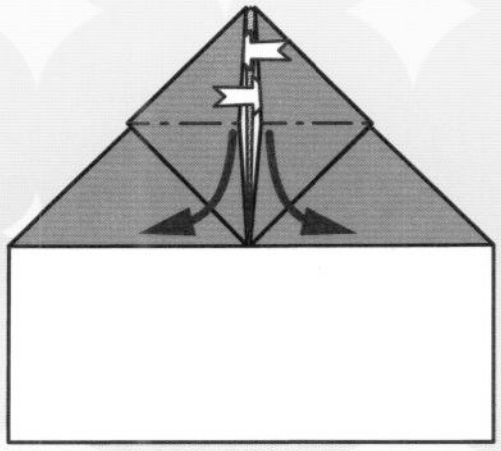

7 8 9

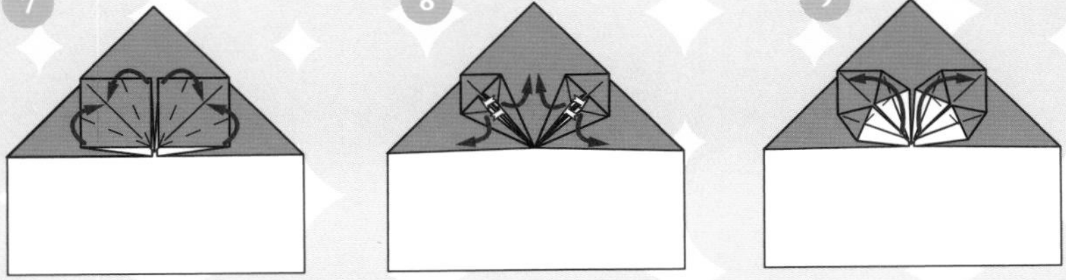

なかわり折り

10 11 12

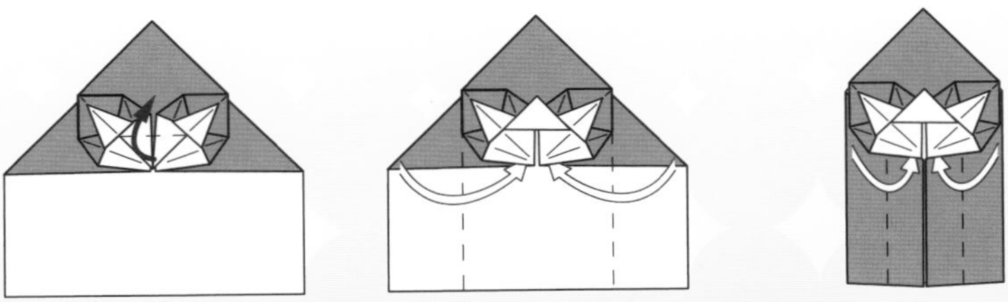

13

14

向きを変えたら…

完成!

15

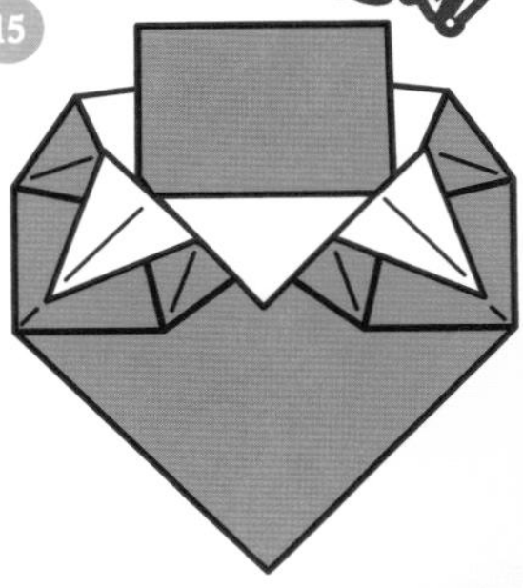

感謝を伝える

家族やきょうだいに♪

お手紙アイデア集

Happy♥Mother's Day
お母さん
いつもおいしいごはんをつくって
くれてアリガトウ
お母さんの味は世界イチですっ！
これからもよろしく
おねがいします

FOR：お母さん

5月の第2日曜日の母の日や、お母さんの誕生日に、感謝の気持ちをこめてお手紙を送ろう！　いつもはなかなか言えない思いを伝えるチャンス！　なるべく素直な気持ちを書いてみてね☆

ここがポイント！

母の日ならではのモチーフ、カーネーションのイラストをチョイス★　全体のカラーも赤で統一したよ♪

FOR：お父さん

6月の第3日曜日の父の日や、お父さんの誕生日には、プレゼントにお手紙を添えて渡したい♪　メガネやビール、ネクタイなど、お父さんが好きなモチーフをちらそう！

お父さんいつもお仕事
おつかれさまデス
プレゼントのネクタイは
お母さんとえらんだよ!!
気に入ってくれるといいな♪

ここがポイント！

メッセージの部分をリボンとドットで囲んでみたよ♪　さわやかなブルーのペンを使えば、甘すぎなくていい感じ！

大好きな家族に、感謝を伝えるお手紙を書こう！　照れくさくて直接は言えないことも、お手紙でなら伝えられるはず♥　シーンに合わせてデコるのも忘れないで♪

FOR：おじいちゃん おばあちゃん

敬老の日やお誕生日などに、おじいちゃん、おばあちゃんにお手紙を書けばきっとよろこんでもらえるよ！　文字ははっきり、大きく書くようにすると、読みやすくてGOOD☆

ここがポイント！

まわりを囲んでがくぶち風のデザインに♪　文章だけじゃなく似顔絵も加えて、はなやかさをUPさせたよ！

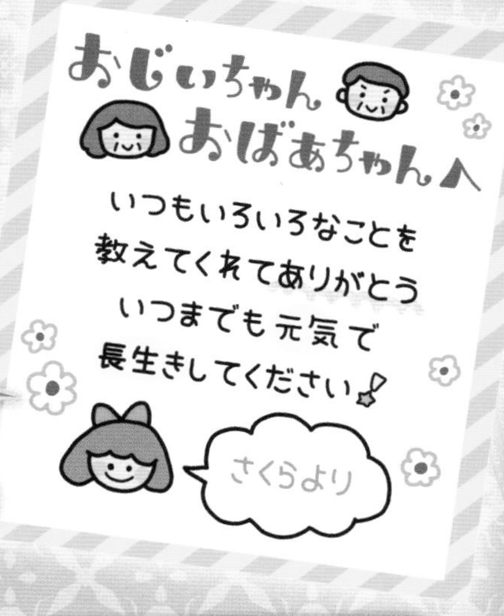

おじいちゃん
おばあちゃんへ
いつもいろいろなことを
教えてくれてありがとう
いつまでも元気で
長生きしてください！
さくらより

FOR：きょうだい

きょうだいに手紙を書くのは少し照れくさいかもしれないけど、楽しかったことこそ手紙に書いて残しておこう☆　うれしかった気持ちは、なるべく早く伝えられるといいね！

おねえちゃんへ
この前のクッキーづくり
チョ〜楽しかったよね
今度はケーキにも
挑戦してみたいかも♪
りこより

ここがポイント！

ふたりでつくったクッキーをまわりにあしらって、世界にひとつだけのデザインに♥　おいしそうなお手紙の完成！

季節を楽しむ イベントも盛り上がる!? カードアイデア集

バレンタイン

タクミくんへ
いつもなかよくしてくれて

ブラウニーつくったから
よかったら食べて

バレンタインの日には、スイーツにカードをそえて渡そう！ 気になっている人に渡すカードなら、印象に残るものにしたいよね♡　カラフルなペンを使ってかわいくデコってみて♪

ここがポイント!

あて名をプレゼント風にデコったり、自分の名前をタグの中に書いたりと、さりげない工夫がおしゃれなの♥

ハロウィン

ハロウィンパーティーの招待状は、カボチャの形に切りぬけばインパクト大でばっちり！　装飾には黄色やオレンジ、紫などのペンを使えば、雰囲気ばつぐんな仕上がりに☆

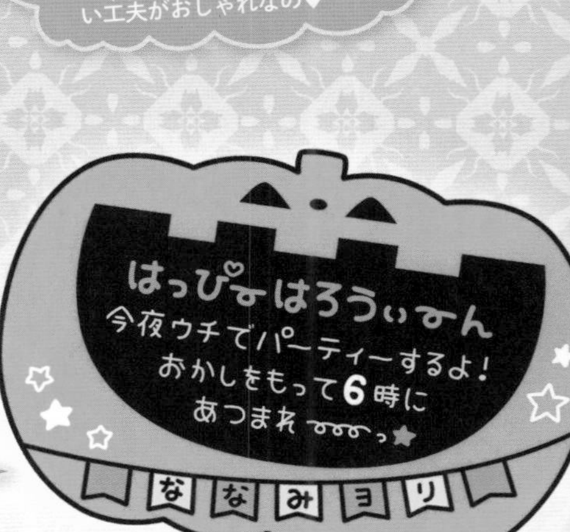

はっぴーはろうぃーん
今夜ウチでパーティーするよ!
おかしをもって6時に
あつまれーっ
ななみヨリ

ここがポイント!

口をあけたジャックオランタンの、口の中にメッセージを書いちゃうのがポイント！ 黒地に書けるペンを使ったよ。

日本では年賀状がおなじみだけど、外国では、クリスマスや記念日などにもカードを送り合う習慣があるよ。かわいいカードでイベントをもっと盛り上げよう★

クリスマス

「メリークリスマス」は「ステキなクリスマスを！」という意味。英語で書けばおしゃれ感もUPするよ！　赤や白、緑などの定番カラーを使ってにぎやかにデコっちゃおう☆

ここがポイント！

メッセージのまわりをリボンで囲って、フレームにするのがおすすめ！　余白の部分は色をぬってカラフルに♪

Merry Christmas
明日はクリスマスだね♪
サンタさんが来るか
ドキドキ
その前にわたしからの
プレゼントだよ〜♪
カンナ

お正月

新年のあいさつとして、親しい人と送り合うカード♪　えんぎもののイラストや干支の動物を描いてみよう。メッセージでは、近況を報告したり、新年の抱負を書こう！

あけまして
おめでとう
ございます
冬休み楽しんでる？
今年もいっぱい
あそんで
思い出つくろ!!

ここがポイント！

おめでたいときに使われる、赤と白を基調にデコったよ！　真ん中にはおもちのキャラを描いてポップな印象に★

ていねいな お手紙の書き方

目上の人や先生などへのかしこまった手紙の書き方を紹介します。誕生日にお花を贈ってくれた叔母さまへのお礼状を例に見てみましょう。前文、主文、末文、後付の４つで構成するのが基本になりますよ。

頭語　季節のあいさつ　安否をたずねる

拝啓
しだいに寒さがつのり、そろそろ紅葉の季節をむかえます。
ゆりおばさまにおかれましては、お健やかにおすごしのことと存じます。

❶前文

さて、先日は誕生日のお祝いにすてきなお花をいただき、ありがとうございました。
私の大好きなガーベラがたくさん使われていて、とてもうれしい気持ちになりました。
さっそく、自分の部屋に飾らせていただいております。

❷主文

結びのあいさつ

いつもこうしてお心にかけてくださり、感謝の気持ちでいっぱいです。
それではお正月にお会いできるのを楽しみにしております。

結語

敬具

❸末文

日付

令和〇年　〇月〇日

署名

鈴木結愛

あて名

鈴木ゆり様

❹後付

❶ 前文…「拝啓」などの頭語、季節に合ったあいさつ、相手を気づかう言葉の３つを書くよ。

❷ 主文…手紙の用件を書くよ。内容は相手のことを気づかいながら、わかりやすくまとめてね。

❸ 末文…結びのあいさつをして、頭語に対応する結語を書くよ。頭語が「拝啓」の場合は「敬具」を使ってね！

❹ 後付…書いた日付、差出人、あて名の３つを書こう。

郵送するときはこれをチェック！

あて名や住所が正しいか確認！

手紙を郵送するときは、送る先と自分の「郵便番号」「住所」「名前」を書く必要があるよ。郵便番号や住所がまちがっていると正しく配達されず、戻ってきてしまうこともあるから、送る前によく確認してね！

配達中にはがれないようしっかり封をしてね

配達中に封があいてしまうと、大切なお手紙がなくなってしまうかも！　封筒はしっかりとのりづけしよう。のりが乾いてペラペラしてしまっているときは、上からテープを貼っておくと安心だよ☆

料金分の切手を貼ろう

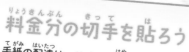

手紙の配達は、サイズや速さによって料金が決められているよ。手紙を出すときは、その料金分の「切手」を貼らなくちゃいけないんだ。サイズや重さによっても料金は変わるから、手紙を出す前におうちの人に確認してね。

これ…
カリンさまが…？
かしこまりすぎですが…
じーーー

まわりの人に気配りができるようになった今のカリンさまは
とてもステキだと思います

これからも
もっとマナーを
勉強して
ステキな人に
なりたいな！

監修 佐藤 夕（Finishing School・ノーブルリリー代表）

フィニッシング・インストラクター、チャイルドコーチングアドバイザー。2015年にフィニッシングスクールを開校し、“人から愛されるコミュニケーション”の方法が身につくキッズマナーの指導に力を入れている。

staff

カバー・まんが	池田春香
イラスト	菟乃るぅ、オチアイトモミ、かわぐちけい、くずもち、こかぶ、ナカムラアヤナ、Mie Design、ミニカ、もくり
製図	菅原良子
本文デザイン	片渕涼太（H.PP.G）
DTP	島村千代子
装丁	片渕涼太（H.PP.G）
編集	株式会社スリーシーズン（松下郁美、竹田知華、朽木彩）

めちゃカワMAX!!

小学生のステキルール　12歳までに覚えたい マナー＆常識BOOK

2020年1月5日　初版発行

2023年12月25日　第8刷発行

監修者　佐藤　夕

発行者　富永靖弘

印刷所　株式会社高山

発行所　東京都台東区台東2丁目24　株式会社　新星出版社

〒110-0016 ☎03（3831）0743

ISBN978-4-405-01247-9

daily plan sheet

デイリープランシート & ウィークリープランシート

特別ふろく

毎日の予定を立てるのに便利なシートだよ♪
きりとり線にそって切りはなして、
コピーして使ってね！

weekly plan sheet

きりとり線

1日のスケジュールを立てよう！

起きる時間は、朝食を食べて身支度をし、家を出るまでの時間から逆算して考えましょう。

STEP1 起きる時間を決めよう！

1日のスケジュールを立てるとき、まずは起きる時間を決めるよ。あわてず余裕をもって身支度できる時間に起きてね！　起きる時間が決まると、前日の夜、何時に寝るべきかも決まってくるはず♪

STEP2 “やるべきこと”を考えよう！

あらかじめ決まっている授業や習いごとなどの予定や、その日のうちにやるべきことをリストアップして、記入しよう。「○時〜○時までは集中して勉強に取り組む」などと決めておいてもOK☆

STEP3 自分の時間を設定しよう！

1日中予定にしばられていると、疲れてしまうかも。やるべきことがすんだら、自分の時間も確保してね！　お部屋でリラックスしたり、TVを見たり、好きなことをしてすごそう♪

息ぬきタイムも必要ってことだね！

きりとり線

きりとり線

記入例

月曜日

学校が始まる月曜日。早起きして気持ちのいいスタートを切ろう☆

20XX年　4月　6日

起きる時間　6:30　｜　寝る時間　21:00

日付と起きる時間、寝る時間を書くよ！その日の天気を丸で囲んで記録♪

円の中には、その日のスケジュールを細かく記入していこう。睡眠時間はぬりつぶしてもOKだよ★

持ちものや宿題、メモを書く欄も活用しよう！

持ちもの	宿題	MEMO
リコーダー 絵の具	算数ドリル (p16～17)	図工の絵のテーマを考える！

月曜日

学校が始まる月曜日。早起きして気持ちのいいスタートを切ろう☆

年　月　日

起きる時間　：　｜　寝る時間　：

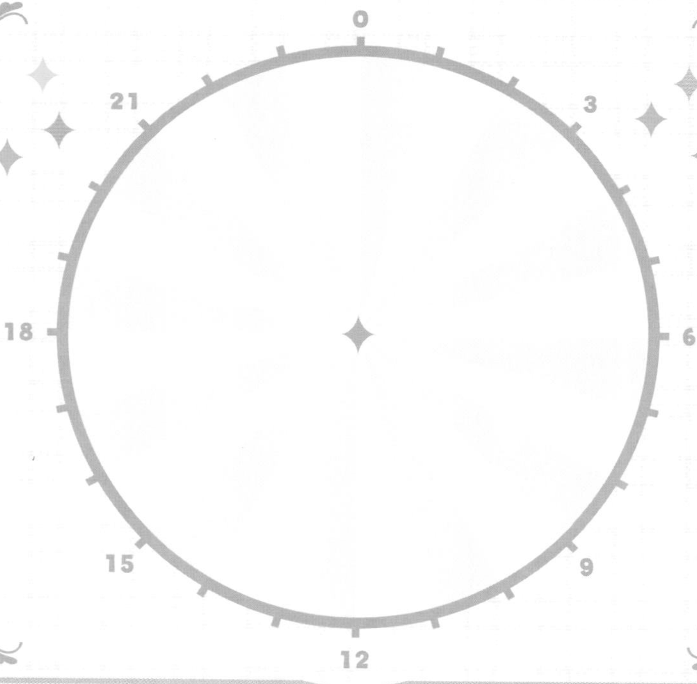

持ちもの	宿題	MEMO

きりとり線

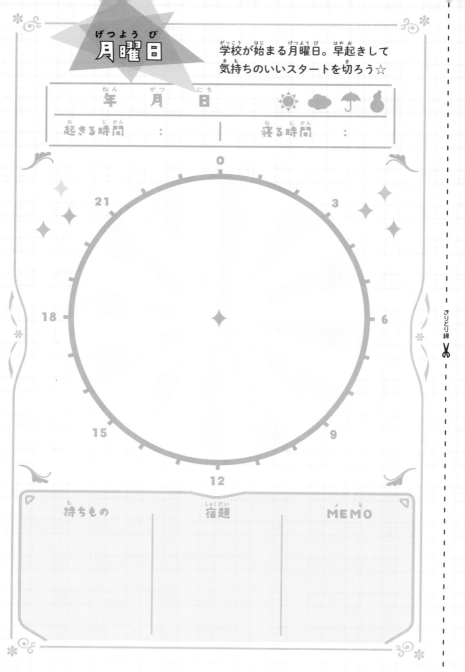

火曜日（かようび）

忘（わす）れものはない？　今日（きょう）の持（も）ちものをもう一度（いちど）見直（みなお）してみよう♪

年（ねん）　月（がつ）　日（にち）

起（お）きる時間（じかん）　：　｜　寝（ね）る時間（じかん）　：

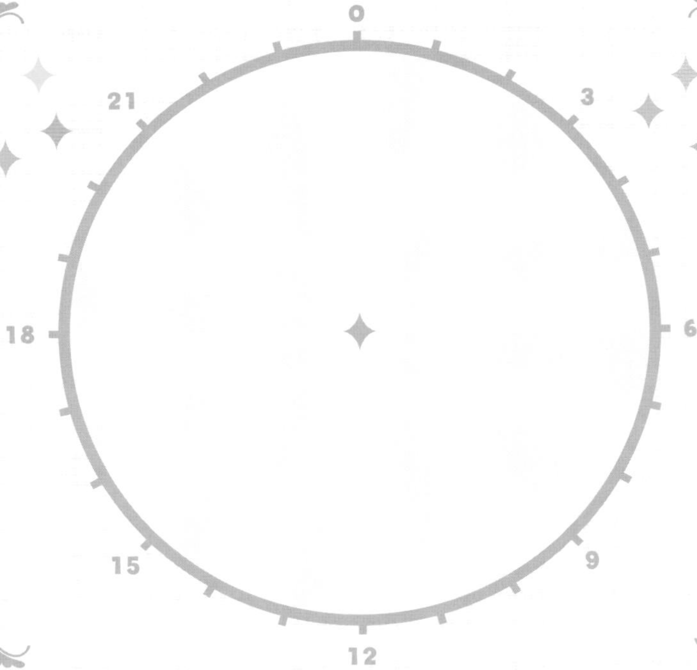

持（も）ちもの	宿題（しゅくだい）	MEMO（メモ）

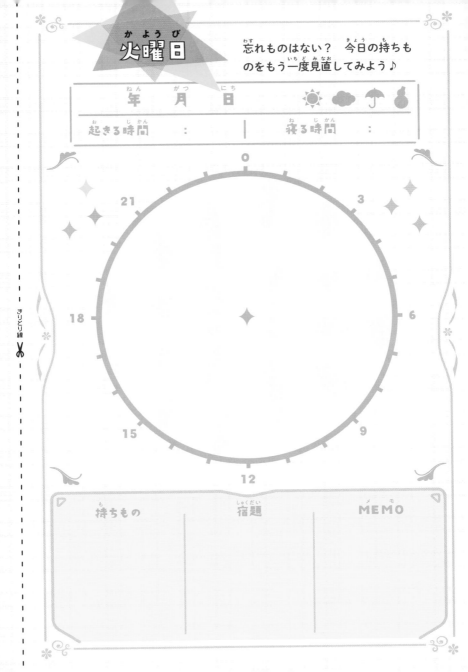

きりとり線

水曜日

週のまんなかの水曜日。ゆるみがちな気持ちを引きしめよう！

年　月　日

起きる時間　：　　寝る時間　：

0
3
6
9
12
15
18
21

持ちもの　宿題　MEMO

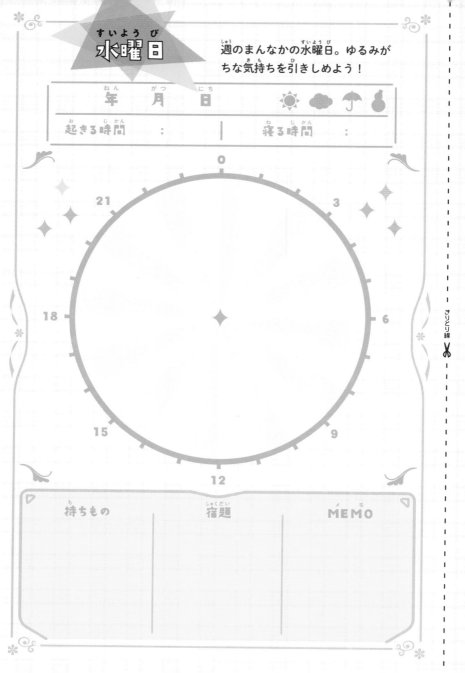

きりとり線

木曜日

ニガテな授業がある日は、さわやかなあいさつが開運のカギだよ☆

年　月　日

起きる時間　：　　寝る時間　：

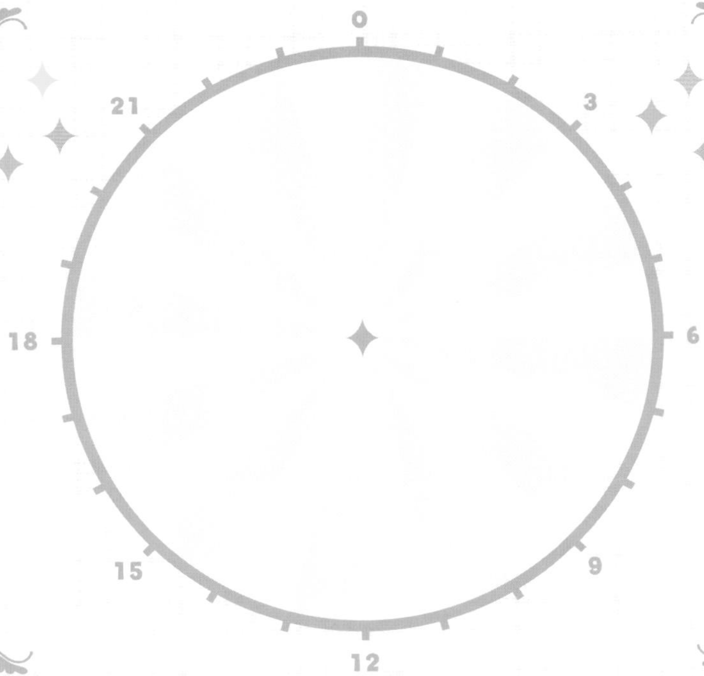

持ちもの	宿題	MEMO

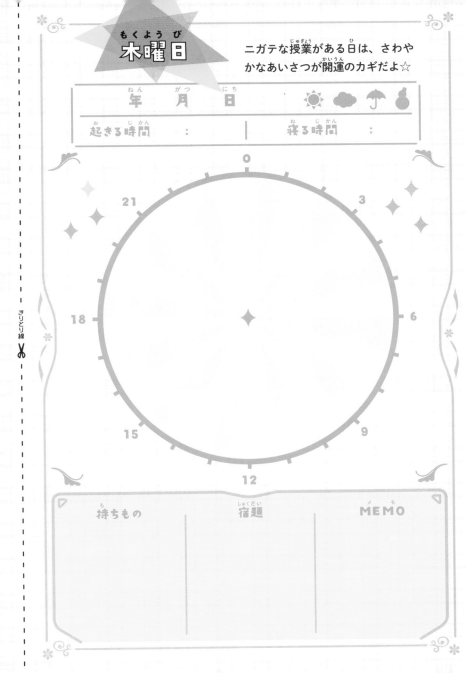

きりとり線

金曜日

お休み前の金曜日は、いつも以上に念入りにお掃除しよう♪

年　月　日

起きる時間　：　｜　寝る時間　：

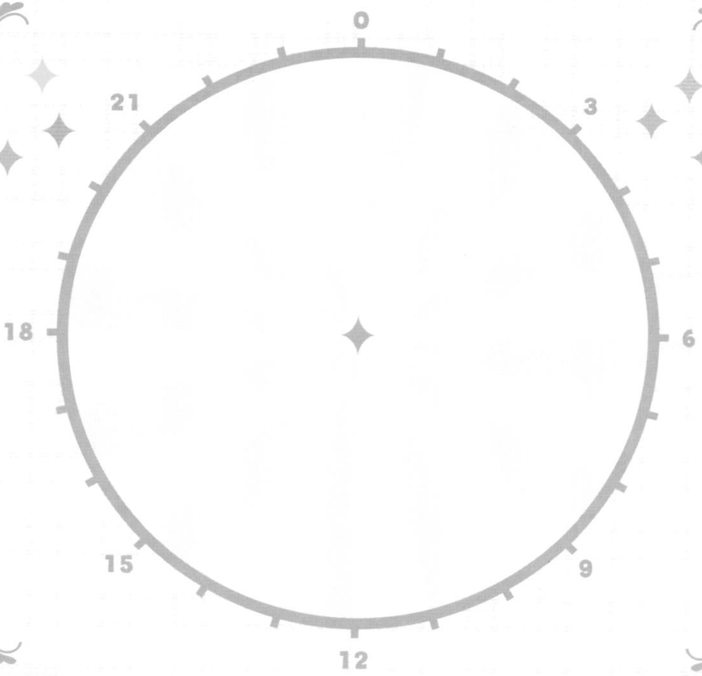

持ちもの	宿題	MEMO

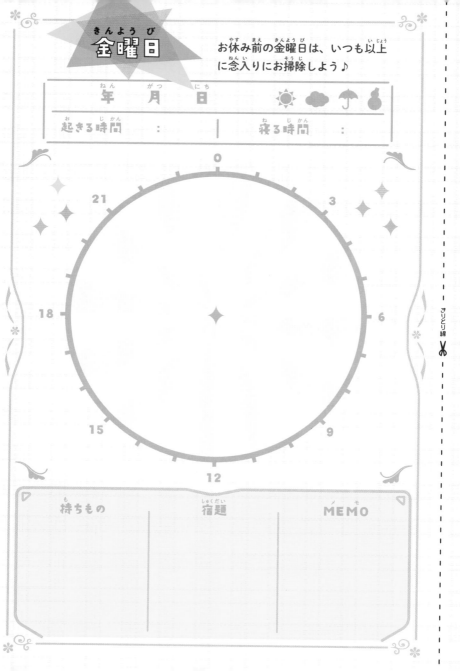

きりとり線

土曜日

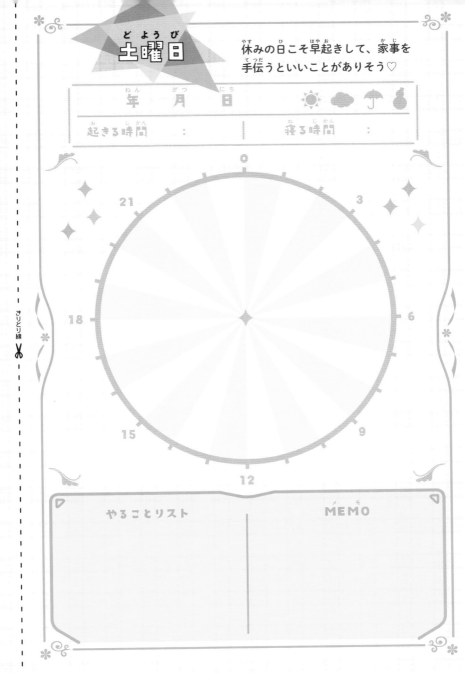

休みの日こそ早起きして、家事を手伝うといいことがありそう♡

年　月　日

起きる時間　：　｜　寝る時間　：

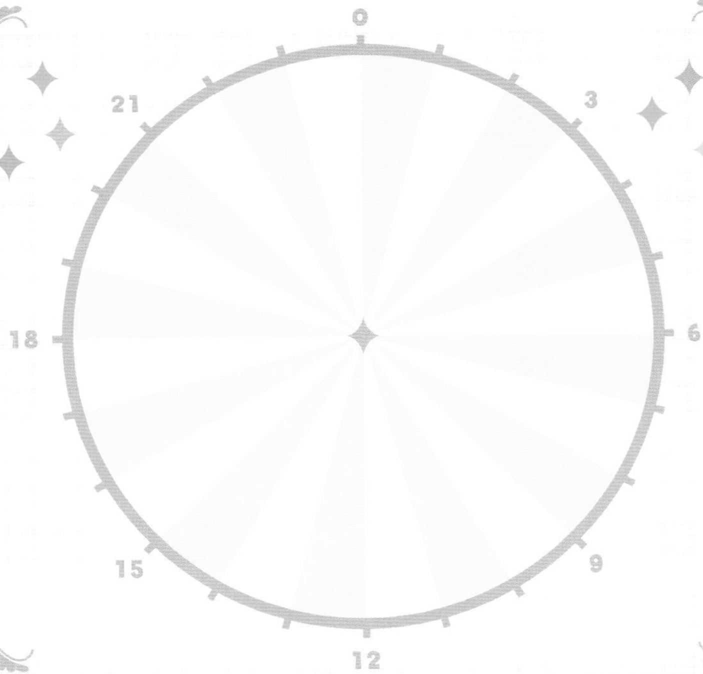

やることリスト

MEMO

きりとり線

日曜日

お出かけの前に鏡を見て、身だしなみをばっちり整えようね！

年　月　日

起きる時間　：　｜　寝る時間　：

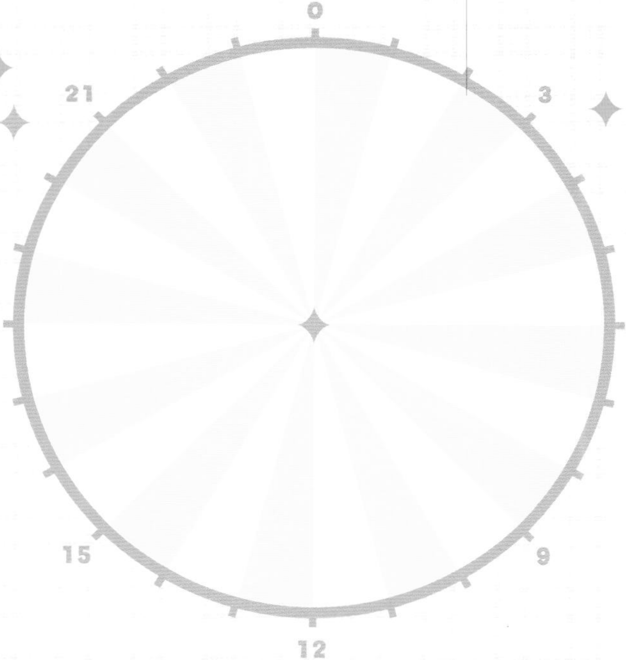

0
21　3
18　6
15　9
12

やることリスト	MEMO

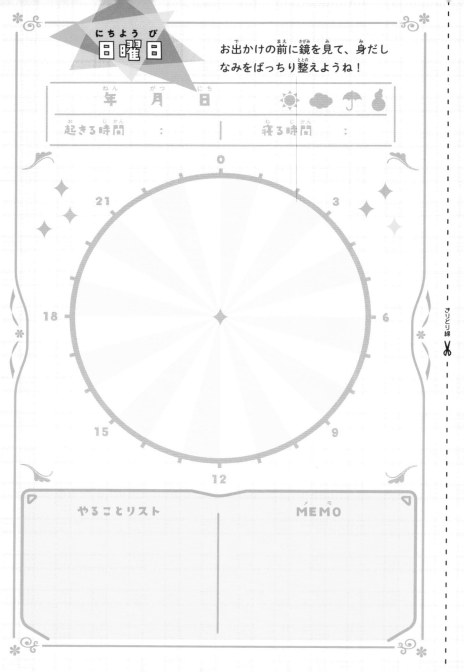

きりとり線

毎日のスケジュール管理に慣れたら

1週間のスケジュールを立てよう！

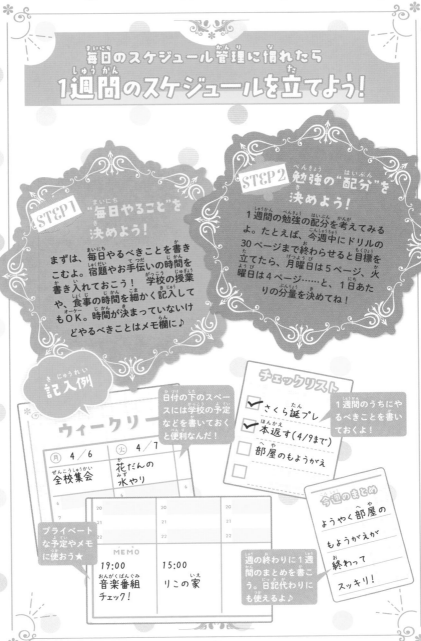

STEP1 “毎日やること”を決めよう！

まずは、毎日やるべきことを書きこむよ。宿題やお手伝いの時間を書き入れておこう！　学校の授業や、食事の時間を細かく記入してもOK。時間が決まっていないけどやるべきことはメモ欄に♪

STEP2 勉強の“配分”を決めよう！

１週間の勉強の配分を考えてみるよ。たとえば、今週中にドリルの30ページまで終わらせると目標を立てたら、月曜日は５ページ、火曜日は４ページ……と、１日あたりの分量を決めてね！

記入例

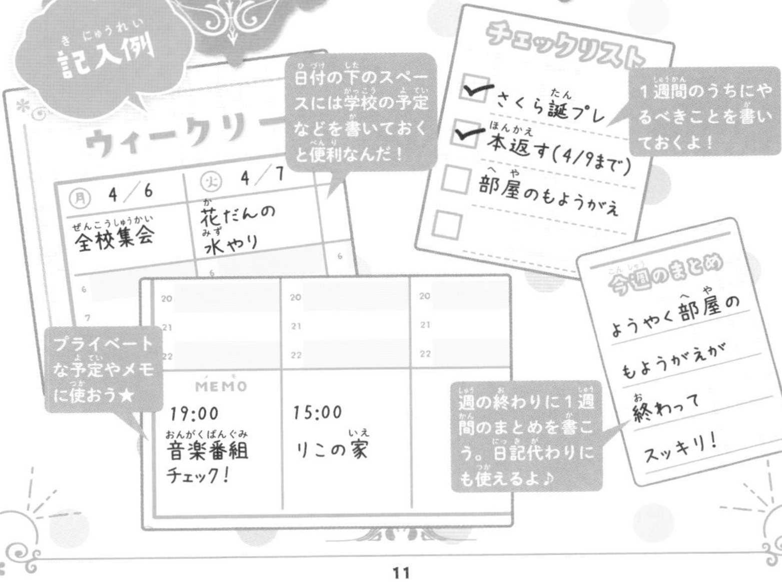

ウィークリー
月 4／6
全校集会
火 4／7
花だんの水やり
日付の下のスペースには学校の予定などを書いておくと便利なんだ！
MEMO
19:00
音楽番組チェック！
15:00
リこの家
プライベートな予定やメモに使おう★
チェックリスト
さくら誕プレ
本返す(4/9まで)
部屋のもようがえ
１週間のうちにやるべきことを書いておくよ！
今週のまとめ
ようやく部屋のもようがえが終わってスッキリ！
週の終わりに１週間のまとめを書こう。日記代わりにも使えるよ♪

きりとり線

ウィークリープランシート

月　／	火　／	水　／	木　／
6	6	6	6
7	7	7	7
8	8	8	8
9	9	9	9
10	10	10	10
11	11	11	11
12	12	12	12
13	13	13	13
14	14	14	14
15	15	15	15
16	16	16	16
17	17	17	17
18	18	18	18
19	19	19	19
20	20	20	20
21	21	21	21
22	22	22	22
MEMO（メモ）	MEMO（メモ）	MEMO（メモ）	MEMO（メモ）

きりとり線

年　月　日(月)～　年　月　日(日)

金　／	土　／	日　／
6	6	6
7	7	7
8	8	8
9	9	9
10	10	10
11	11	11
12	12	12
13	13	13
14	14	14
15	15	15
16	16	16
17	17	17
18	18	18
19	19	19
20	20	20
21	21	21
22	22	22
MEMO	MEMO	MEMO

チェックリスト

- □
- □
- □
- □
- □
- □
- □
- □
- □
- □
- □
- □
- □

今週のまとめ

きりとり線

きりとり線

daily plan sheet &
weekly plan sheet